03.

历史科普作家
毕业于北京大学历史系
汪丹 著

Chinese
History
in
Archaeology

辽宋夏金
到
元明清

考古里的中国史

贵州出版集团
贵州人民出版社

图书在版编目（CIP）数据

考古里的中国史. 辽宋夏金到元明清 / 汪丹著.
贵阳 : 贵州人民出版社, 2024. 10. — ISBN 978-7-221-18559-4

Ⅰ. K209

中国国家版本馆CIP数据核字第2024Y8A840号

KAOGULI DE ZHONGGUOSHI: LIAO SONG XIA JIN DAO YUAN MING QING
考古里的中国史：辽宋夏金到元明清
汪丹 著

出 版 人	朱文迅
策划编辑	陈继光
责任编辑	杨　礼
装帧设计	熊　琼　雲中 DESIGN WORKSHOP
责任印制	赵　明　赵　聪

出版发行	贵州出版集团　贵州人民出版社
地　　址	贵阳市观山湖区会展东路 SOHO 办公区 A 座
印　　刷	天津中印联印务有限公司
版　　次	2024 年 10 月第 1 版
印　　次	2024 年 10 月第 1 次印刷
开　　本	710 毫米 ×1000 毫米　1/16
印　　张	13.5
字　　数	228 千字
书　　号	ISBN 978-7-221-18559-4
定　　价	49.80 元

如发现图书印装质量问题，请与印刷厂联系调换；版权所有，翻版必究；未经许可，不得转载。

目录 CONTENTS

序　回望过去，拥抱未来 ... i

公元 907 年—公元 1279 年

开篇：遗址发现 ... 3
第一部分：考古发掘 ... 4
遗址概况 ... 4
重点细节展示 ... 6
出土文物展示 ... 10

第二部分：回到历史现场 ... 12
揭开历史的帷幕 ... 12
细说辽、宋、夏、金 ... 12
宋朝人有话说 ... 42

第三部分：中国航海文化 ... 47
与大海最初的"亲密接触" ... 47
放眼世界，"海上丝绸之路"终于成形了 ... 48
领先时代的技术，造就不朽航海伟业 ... 50

I

公元 1206 年—公元 1402 年

开篇：遗址发现 57
第一部分：考古发掘 58
遗址概况 58
重点细节展示 59
出土文物展示 66

第二部分：回到历史现场 68
揭开历史的帷幕 68
细说元朝 68
元朝人有话说 88

第三部分：中国钱币文化 94
为方便物品交换，我来了 94
变变变，看我七十二变 96
纸币成为最终"赢家" 101

公元 1368 年—公元 1644 年

开篇：遗址发现 107
第一部分：考古发掘 109
遗址概况 109
重点细节展示 112
出土文物展示 114

第二部分：回到历史现场 118
揭开历史的帷幕 118

细说明朝	118
明朝人有话说	154

第三部分：中国古代年号文化　　159
"天降祥瑞"催生年号	159
选年号和改年号的艺术	160
从"一帝多号"到"一帝一号"	162

公元1636年—公元1911年

开篇：遗址发现　　167

第一部分：考古发掘　　168
遗址概况	169
重点细节展示	170
出土文物展示	172

第二部分：回到历史现场　　174
揭开历史的帷幕	174
细说清朝	174
清朝人有话说	194

第三部分：中国瓷器文化　　198
从陶器中走出的"新宠儿"	199
蓬勃发展的瓷器	200
走向世界的中国瓷器	202

总结陈词　　204

序

回望过去，拥抱未来

中华民族的历史悠久而辉煌：从夏商文化的神秘、粗犷到秦始皇统一六国的昂扬、壮丽，从汉唐的壮阔、繁荣到宋明的智慧、圆熟……黄河、长江的"水之摇篮"里孕育出的中国原始先民，一步步坚定地走来，才塑造了今天中华儿女的精神和躯体。

中华的灿烂文明史有上下五千年之久，这五千年的历史难道仅仅是靠古往今来各种私人或者官方修撰的史书推演而来的吗？

当然不是。

历史典籍虽多，对历史的记录却十分简约、有限，也相当抽象。这些记录搭建了历史的框架，至于更深处的细节，比如古人究竟如何生活、如何做事，则要依赖另一种途径——考古——去认识。

提起"考古"这个词，很多人的脑海里会浮现出后母戊鼎、金缕玉衣、《清明上河图》等大名鼎鼎的国宝，它们整齐地陈列在洁净、静谧、宽敞的博物馆展厅里，散发着熠熠光芒，供络绎不绝的游客们观瞻。

可实际上，文物并不能与考古画等号。文物只是考古成果中很小的一部分，我们所能看到的文物更是浩如烟海的文物宝库中极小的一部分。

近现代以来，尤其是中华人民共和国成立以来，数代考古学家通过辛勤、细致的劳动，拂去历史遗迹和文物上的尘埃，把被岁月剥蚀的部分重新还原，将它们展示在世人面前。可以说，正是遍布中国各地、形式多样的地上地下（甚至海底）的无数遗址、文物聚合在一起，使历史变得具体，变得可以触摸。

历史好比一副骨架，是考古让历史变得更加丰满。考古依托于历史，历史也离不开考古，两者互相交织，共同向我们讲述历史长河里汹涌激荡的中国故事。

为了让更多孩子从考古实证的角度了解自己国家的历史，我们推出了这套独具特色的书。

  首先，我们会从各个时期最典型的考古发现入手，讲述引人入胜的考古故事和重大的考古发现，其中既有全景式的展示，又有细致入微的描绘。

  接着，我们会用轻松的语言为你讲述严谨而有趣的中国历史，同时穿插大量考古成就，让你对中国的考古工作和考古成就有一个全面的认知。

  最后，我们会从中国历史文化中选取有趣的主题，为你讲述"微历史"——龙是怎么成为中华图腾的？丝绸是用"树上的羊毛"织成的吗？"China"（瓷器）如何成为"中国"的英文名？中国人喜欢的玉经历了怎样的前世今生？……这些都可以从书中找到答案！

  在这套书里，你还会偶遇小乙、小史、小祝、小兴、小永、小宛这六人组成的"穿越六人团"。他们会和你面对面，像闲话家常一般，亲口向你讲述他们所在时代人们的生活，说说那时的衣、食、住、行、用、娱乐方面出现了哪些新鲜事。

  此外，书中的重要人物或者帝王们在全书最后会用一段话为自己的一生做"总结陈词"（大事记），让你站在详细的历史时间轴上，轻松把握历史大脉络。

  相信读完这套书，你心中的历史和考古都不再是干巴巴的词汇，将变得鲜活、丰满而真切。

  "鉴往知来"，深入了解过去，是为了积极拥抱未来。历史是过去之"今天"，我们生活的今天，明日亦将成为历史。孩子是祖国未来的希望。希望这套小书能成为你们的"心头好""掌中宝"，能使你们更真挚地爱上中国的历史和考古文化，并在不远的将来激情澎湃地书写属于你们自己的"中国气派"！

公元 907 年

公元 1279 年

公元907年，辽太祖建国，国号"契丹"，947年（一说938年）改国号为"辽"。
公元960年，陈桥兵变，赵匡胤建立宋朝。
公元1004年，宋、辽缔结"澶渊之盟"。
公元1069年，王安石变法开始。
公元1127年，靖康之变，北宋被金灭亡，康王赵构建立南宋。
公元1234年，金国被蒙古灭亡。
公元1279年，南宋被元灭亡。

第一章 辽宋夏金

开篇：
遗址发现

1987年，英国一家海洋探测公司与广州救捞局在广东阳江附近海域搜寻一艘18世纪的沉船——英国东印度公司的"莱茵堡"号。在用抓斗采样时，工作人员意外发现了一些瓷器和中国古钱。英国公司的工作人员大喜，兴致勃勃地想继续用抓斗往下抓，却被广州救捞局的工作人员拦住了："现在必须马上停止打捞！"理由很简单：这些瓷器和古钱显然不属于"莱茵堡"号，而很可能属于中国古代的某艘沉船。

打捞上来的那些东西被紧急送往文物部门进行清理、鉴定，结果很快出来了：一共有200多件瓷器，均属于宋元时期；钱币主要是"政和通宝""绍兴通宝"等宋朝铜钱；此外还有一条鎏金腰带。由此可以初步判断，这一处的海底淤泥中可能埋藏着一艘宋元时的古船。

这个消息让大家喜上眉头：这艘沉船正好位于"海上丝绸之路"上，很可能是装有大量货物、出海贸易的商船，文物的总价值不可估量！

可很快，大家又心头一沉。为什么呢？因为那时候中国的水下考古领域几乎是一片空白。祖先留下的宝藏近在眼前，却因为技术落后无法使它们重见天日，这令考古学家们心痛不已！他们只好向上级部门申请，暂时将这艘船命名为"南海Ⅰ号"，交由广州救捞局保护，待技术成熟时再行发掘。

"'南海Ⅰ号'，等着我们，我们会回来的！"

第一部分：
考古发掘

遗址概况

"南海Ⅰ号"复原图

"南海Ⅰ号"是南宋时的一艘木船,沿"海上丝绸之路"向外运送瓷器时失事沉没。

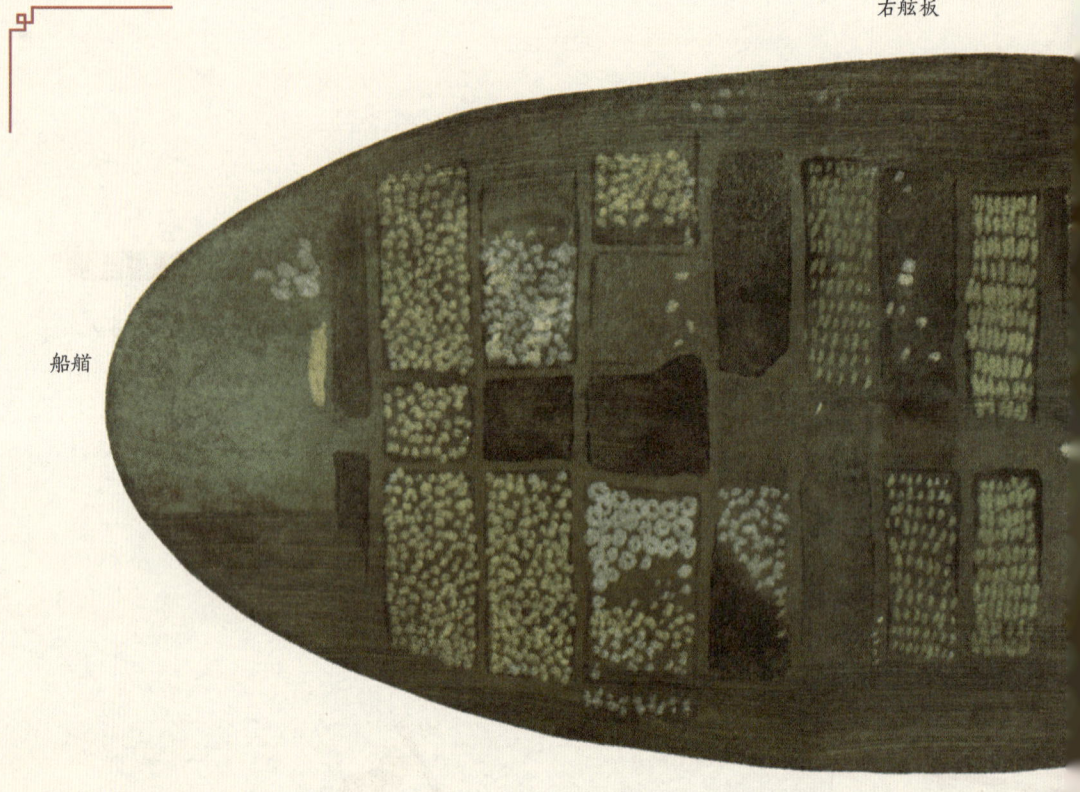

右舷板

船艏

左舷板

重点细节展示

此后十几年里,这片海域成了"管制区域"。渔民驾船来这里打鱼时,会被边防巡逻艇劝离。为了不使国宝的秘密外泄,他们编造了一个善意的谎言,说这里有之前外国侵略者留下的鱼雷,非常危险。

经过十几年坚持不懈的努力,中国的水下探测技术获得了巨大进步。2001年,国家博物馆水下考古中心联合广东省文物考古研究所等单位的专家们,开始对"南海Ⅰ号"进行位置勘探,弄清了其精确位置。

他们先进行了第一次试掘,在仅4平方米的试掘区域内就发现了6000多件陶瓷器,此外还有铁器、铜器、古钱等文物。这说明"南海Ⅰ号"上的文物

船尾

"南海Ⅰ号"载货平面示意图

2019年8月,"南海Ⅰ号"沉船船舱内的货物基本清理完毕,文物总数超过18万件(套)。其中瓷器数量最多,有16万件(套),种类有三四十种,由南方的名窑生产,不少都被定为国家一级、二级文物。此外,还有大量的铁器、金银器、钱币、丝绸等。专家们根据国际拍卖市场的行情粗略估计,船上文物的总价值轻松超过千亿美元!

数量很多,有极高的考古价值。

惊人的发现使"南海Ⅰ号"瞬间成为全社会关注的焦点,这个被保守了十几年的秘密终于可以大胆地公之于世!

根据其他国家水下考古的经验,一般要先确定沉船的边界,然后分片、分层发掘。这种做法和地面上的考古工作差别不大,难度也较小。可考古专家们经过讨论,认为这种做法并不适合"南海Ⅰ号"。

主要原因是这里的气候条件特殊,每年只有三四个月的适合作业时间,而"南海Ⅰ号"船体巨大,又被埋在两米深的淤泥里,等好不容易清理完淤泥,可能三四个月就已经过去了;等明年再来,重启发掘工作,船体又会被淤泥覆盖。

怎么办呢?经过反复讨论,考古专家们有了一个大胆的设想——既然气候条件不允许，那就把沉船和周围的泥土，甚至包括海水整体切割下来，移到适合持续工作的环境里，从容不迫地进行发掘。

这想法很好，几乎获得了一致同意，可紧接着另一个难题又出现了："南海Ⅰ号"长约30米、宽约10米、高4米多，船体为沉重的松木，再加上沉船周围的泥沙和海水，少说也有3000吨。那时候，别说中国，就是整个亚洲，也没这么大的起重设备啊！

没有设备？不怕，我们来造！"南海Ⅰ号"，请再等等！

2007年，耗资6亿元人民币、号称亚洲第一的"华天龙"号大型起重工程船建成了，最大起重能力达到惊人的4000吨。"华天龙"号上岗后的第一项任务，就是打捞"南海Ⅰ号"。

整体打捞沉船，这在世界上还属第一次，很多问题都要边探索边解决。考古专家和工程技术人员密切合作，解决了一个又一个难题，足足花了9个月时间，花费1.5亿元人民币，才大功告成。2007年12月22日上午，"南海Ⅰ号"在"华天龙"号的起吊下，缓缓露出水面，这艘在海底沉睡了800多年的古沉船终于重见天日。

出水后，"南海Ⅰ号"被运往自己的新家——广东海上丝绸之路博物馆的"水晶宫"。这个"水晶宫"是一个超大的玻璃缸，"南海Ⅰ号"放置在这里后，参观者可以在水下参观廊实时观看、近距离感知考古人员的工作。这对人们认识考古、理解考古来说，实在是个绝妙的设计！

通过对古船的复原，专家们发现，"南海Ⅰ号"的载重大约为800吨。从形制上来说，它属于中国古代三大船型中的"福船"。这种船的形状"短肥"，长宽比比较小，稳定性强，装货量大。它可能是从泉州港出发，经过这一带海域时遭遇大风暴，导致重心严重偏离而沉没的。

此后，经过十几年的清理，考古专家们共从"南海Ⅰ号"上发掘出18多万件（套）的文物，数量超过广东省博物馆的总馆藏！

发现数量最多的文物是瓷器，这些瓷器汇集了当时各大名窑的陶瓷精品，品种超过30种，多数被确定为国家一级、二级文物。其中的一些瓷器"洋味儿"十足，具有浓郁的阿拉伯风情。专家认为，这应该是南宋瓷窑根据国外订单特别烧造的，属于"来样加工"

产品。

考古人员在船上还发现了一些金器，有金手镯、金腰带、金戒指等。这些金器粗大、厚重，非常气派。其中的一条鎏金腰带长 172 厘米，而鎏金手镯的口径比饭碗还大！此外，船上还有铁器、铜钱、漆器、丝绸等遗存，以及各种生活用品。船上发现的铜钱有上万枚，涵盖多个朝代，最早的为汉代的五铢钱，最晚的是南宋的"淳熙元宝"，简直可以组成一个小型的"钱币博物馆"。

"南海 I 号"是迄今为止世界上发现的年代最古老、保存最完整、最具价值的远洋贸易商船，也是唯一能见证古代"海上丝绸之路"的沉船。2021 年，它入选全国"百年百大考古发现"。直到今天，对"南海 I 号"的发掘仍未结束，它就像一枚时空胶囊，关于它的诸多谜团还有待人们继续发现……

"南海 I 号"上的金戒指

"南海 I 号"出土的金戒指等黄金首饰，最大的特点就是"大"，但数量不多。由此分析，这些金器应该不是用来贸易的，而是当时船上人员随身佩戴的饰物。

出土文物展示

金璎珞胸佩

"南海 I 号"沉船上共发现了 3 条金璎珞胸佩，这是其中的一件。这件金项链长 32 厘米，由 3 条金链、2 块犀角形牌饰、5 连扣环链、3 条流苏坠饰组成。3 条链子的截面都是十字形的，这种形状的链条在中国考古中是首次发现。3 个坠饰分别是 2 个桃形坠饰和 1 个桃形牌饰，平面片状的桃形牌饰受辽国风格的影响很大。项链整体较大，造型美观，是不可多得的珍品。

"韩四郎"金叶子

金叶子，也就是金箔，是当时的一种货币。"南海 I 号"沉船上发现的金叶子上打有"韩四郎"的戳记。经过与同时代其他文物对比，结合相关文献，可以知道这是南宋都城临安的一家著名金银店铺出品的。"韩四郎"应该是工匠名或对金叶子的重量、品质等进行鉴定的鉴定员的姓名。

◀ **白釉贴塑铺首衔环纹执壶**

在"南海I号"沉船上发现的众多瓷器中，这件白釉铺首执壶是工艺水平很高的一件。宋代执壶多以茶具出现，常用于点茶。执壶加长变曲的流部体现了宋代制瓷工艺的进步。最奇妙的是，因为长期在水中浸泡，执壶腹部原本并不明显的"开片"（瓷器釉面的一种自然开裂现象）变得更加悦目，显出别样的美感。

磁灶窑绿釉印花卉纹折沿菱口碟 ▶

磁灶窑是宋元时期福建泉州一带的重要瓷窑，主要生产外销陶瓷，以绿釉瓷器独步天下。这件菱口碟直径约为10厘米，底径约为5.6厘米，高2.6厘米。碟口做成花瓣状，碟的底部模印有花卉纹样。这种纹样和粟特（西域古国）金银器上的纹样十分相似，有浓厚的异域特色。专家认为，这是一件"定烧"瓷器，即按照外国客户要求烧制的个性化瓷器。关于"定烧"瓷器，目前只能在当时的外贸沉船，以及菲律宾等"定烧"地的博物馆、美术馆中见到其完整的样子。

第二部分：
回到历史现场

揭开历史的帷幕

当年，南宋的"南海Ⅰ号"远洋贸易商船从泉州港驶出，沿着"海上丝绸之路"向外运送瓷器等货物，结果遭遇风浪，在中国广东附近海域失事沉没。从考古发掘和当时的文献记载来看，南宋的造船技术很先进，指南针已经广泛应用于航海，中国商船的航海能力大大加强。在这些"硬件"的支持下，南宋的海上对外贸易规模相当庞大。

"海上丝绸之路"是相对于"陆上丝绸之路"来说的，它从商周时期就已经萌芽，后来虽然不断获得发展，但长期以来更多是作为"陆上丝绸之路"的辅助，并没显得特别重要。为什么到了宋朝，"陆上丝绸之路"忽然"退居二线"，"海上丝绸之路"反而"走向前台"，甚至一跃达到顶峰了呢？

原因很简单：汉唐时繁荣无比的"陆上丝绸之路"到宋朝时被迫中断了！

细说辽、宋、夏、金

唐朝灭亡后，中国经历了半个世纪的混乱时期——五代十国。后来，宋朝虽然再次实现了局部统一，但疆域与之前的"大一统"王朝秦、汉、唐相比则小得多。

宋朝文化进步、经济繁荣，但在打仗方面一直没能"雄起"。北宋先是和北面的辽、西面的夏这两个少数民族政权对峙，后来与辽一起被从东北地区崛起的金国所灭。好在中原汉族政权的底子厚、民心基础好，北宋灭亡之后，宋氏宗亲在南方重建了新政权南宋，继续与金对峙。后来蒙古族崛起，一统天下。

这段历史虽然冲突不断，但也促成了多民族的文化大融合。北方有大量的汉族人渡过长江，向南迁移，顺便带去了先进的生产技术，中国经济的重心也逐渐从北方转到了南方。

宋、辽、夏的"和"与"战"

后周是"五代"的最后一个朝代，959 年，英明神武的后周世宗驾崩，他的儿子继位，成为后周恭帝。恭帝继位时只有 7 岁，由太后代替他主政。

这时候，殿前都点检（禁军的总统帅）赵匡胤的权力非常大，他见新皇帝年纪小，就起了篡位之心。

怎样才能不用打仗流血，就可以顺利当上皇帝呢？赵匡胤联合自己的九个结义弟兄（号称"义社十兄弟"），进行了周密的部署。他先让人散布消息，说北边的辽国大举南侵。太后接到军报，吓得不轻，顾不上核实消息的真假，就让赵匡胤带兵出征御敌。

960 年正月，赵匡胤装模作样地带兵出发了。刚走出几十里地，到达陈桥驿（今河南封丘东南的陈桥镇）时，赵匡胤的"表演"就开始了。他命手下亲信借天象蛊惑众人，在人心动摇时趁机一拥而上，把事先准备好的黄袍披到他身上，然后一起跪在地上朝拜，还大喊："万岁！"

赵匡胤假装害怕，说："你们推我做皇帝，实际上是为了自己享受荣华富贵。既然这样，你们一切都得听我的，不然我可不出这个头！"

亲信们当然都表示同意，于是赵匡胤"被迫"称帝了。他很快带兵返回都城，逼恭帝顺从民意，把皇位让给自己，并改国号为"宋"，建都东京开封府（又称汴梁、汴京）。赵匡胤就是宋太祖。

赵匡胤当上皇帝之后，担心回头自己的部下也照葫芦画瓢地来这么一出，逼自己禅位，就想了一个办法。

有一天，他请那些高级将领喝酒，其间直接说出了自己的担心。将领们一听，都吓得不得了："要是被皇帝猜疑，那还了得？"众将领便请宋太祖指明一条生路。宋太祖直言让他们回家置田产，享受清福。

于是，第二天，那些将领纷纷上书请求辞职，交出了兵权。宋太祖自然全都批准了，还给他们安排了很好的退休待遇。这就是著名的"杯酒释兵权"。

五代十国以来，各国拥有实权的宰相和节度使架空皇帝、篡位自立的事屡见不鲜，宋太祖被吓怕了，决定彻底改变这个局面。

他一方面削弱宰相的权力，把军事、民政和财政权分交给不同部门；另一方面"重文抑武"，要求"不得杀士

大夫及上书言事人",并且让文官掌握兵权,节制武将。

与此同时,他把实力最强的禁军的指挥权牢牢抓在自己手中,想尽办法巩固自己的地位。

内部安排停当之后,宋太祖终于可以专心对外了。他花了十几年时间,四面出击,顺利消灭了当时中国的诸多割据势力。

正当宋太祖重新统一中国,准备大展宏图时,发生了一件离奇的事。976年10月的一天夜里,宋太祖急召弟弟赵光义入宫。结果,当天夜里,宋太祖就去世了。

有野史说,当夜宫人们都被屏退在外,只看见屋内烛影摇动,赵光义好像一度离开座位,有退避的样子;又听见宋太祖拿着柱斧(一种礼器)戳地,大声说:"好为之!"后世称之为"烛影斧声"案。虽然野史当不得真,可宋太祖之死的确离奇,才导致后世众说纷纭。

赵光义虽然很可疑,但并没有什么证据证明他动了手脚。毕竟"国不可一日无君",宋太祖死后的第二天,赵光义就在朝臣的推举下继承了皇位,史称宋太宗。

延伸阅读

赵匡胤、赵匡义、赵光义、赵炅（jiǒng）……傻傻分不清楚！

这几个名字实在太像了，难怪有人傻傻分不清楚，现在我们就来捋一捋。实际上，后面三个名字指的是同一个人，就是宋太宗。赵匡义是赵匡胤的弟弟，宋朝建立后，改名叫赵光义；当上皇帝的第二年，又改名为"赵炅"。

那么，宋太宗为什么这么爱改名呢？实际上，他第一次改名并非出于自愿，而是为了避宋太祖的名讳。遭遇类似情况，而且更倒霉的是他们俩的弟弟赵匡美：宋太祖即位后，为避"匡"字的讳，他被迫改名为"赵光美"；宋太宗继位后，为避"光"字的讳，他又被迫改名为"赵廷美"！

宋太宗第二次改名的原因也很简单：这是当时的"流行风"。五代十国时，当上皇帝后改名这种事很流行，而且新名字都喜欢顶个"日"字，有"天命所归"的意思，图个吉利。比如，朱温建立后唐，改名叫"朱晃"；刘知远建立后汉，改名叫"刘暠（gǎo）"；刘崇建立北汉，改名叫"刘旻（mín）"；刘弘熙当上南汉皇帝，改名叫"刘晟（shèng）"；徐知诰建立南唐，后改名叫"李昪（biàn）"……晃、暠、旻、晟、昪、炅……怎么样，看上去像不像在浏览《新华字典》中的"日"字部检字表呢？

宋太宗即位后，雄心勃勃地想继续向北扩大疆域，可这并不容易，首先要解决一个大麻烦——燕云十六州的问题。

燕云十六州又称"幽云十六州"，是中国北方以幽州（今北京）和云州（今山西大同）为中心的十六个州。它们位于燕山山脉和太行山山脉的交界处，位置十分重要，在冷兵器时代差不多相当于中原王朝的一座"天然长城"，把北方的游牧民族妥妥地挡在了北方大草原上。

五代十国时，后唐大将石敬瑭为了篡位当皇帝，以这一地区为交换条件，求当时势力渐渐壮大的契丹出兵帮忙，结果这座"天然长城"就落入了契丹（后来的辽）人手中。918年，辽太祖在其创业地建皇都（938年改称"上京"，在今内蒙古赤峰市巴林左旗林东镇东南），后以这里为根据地，不断南下进攻中原，控制的地盘越来越大。

辽上京遗址

与北宋并立的辽国同时有5座都城——上京、中京、西京、南京和东京。其中，后4座都城更多相当于防御要塞，而上京的地位则格外重要，是辽国真正意义上的都城。它作为辽的都城历时200余年之久，是中国历史上使用时间较长的草原都城之一，元朝初年逐渐废弃。2011年，考古专家们开始对这里进行大规模考古发掘，发现遗址总体呈"日"字形，由北部的皇城和南部的汉城两部分组成，总面积约为500万平方米。

遗址中发现了皇城残墙、雕花柱础及大量珍贵文物。这枚契丹银币就是其中之一，被称作辽上京遗址博物馆的"镇馆之宝"。

契丹本来没有文字，辽太祖命人仿照汉字，先后创制了契丹大字和契丹小字。这件银币直径为4厘米，厚0.2厘米，重21克，正面阳刻着契丹大字，意为"天朝万岁"，背面阴刻着契丹小字，文字的意思至今无人能够解析。这枚钱币不是用来在市场上流通的，而是具有祈福性质的"压胜钱"（类似于现在的纪念币），为的是祝愿辽国万事顺利。

1961年，辽上京遗址被确定为第一批全国重点文物保护单位；2021年，入选全国"百年百大考古发现"。

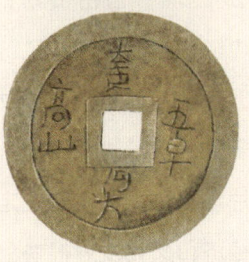

契丹银币

宋朝统一天下的时候，辽国正处于上升期。宋军多次与辽作战，想把这块宝地给抢回来，结果费了九牛二虎之力都没能成功。宋太宗就这样郁郁而终。

宋真宗即位后，继续和辽国打仗，双方互有胜负。后来两国都觉得这样打来打去很不划算，都有心停战。1004年，两国在澶州（今河南濮阳一带）签订停战和议，约定宋、辽为"兄弟之邦"，开放边境贸易，宋每年赠送辽国白银10万两、绢20万匹（因为每年都要给，所以称"岁币"）。这就是"澶渊之盟"。当时，宋朝的经济非常繁荣，每年的税收多达白银一两千万两。10万两银子和20万匹绢的"岁币"在辽国看来不算少，对宋朝来说却不算大数目。

"澶渊之盟"后，辽、宋边境有了唐末以来少有的安定局面，双方往来不断，又是通商，又是互派使者。

宋仁宗时期，宁夏、甘肃、陕西北部一带的少数民族党项族崛起。1038年，其首领李元昊称帝，建立了西夏国。

这一地区的统治者之前虽然是世袭的，但名义上一直都归中原王朝管，换了新"管家"也要给中原王朝上报，由中原王朝的皇帝象征性地走一下批准流程，表示确认。

现在西夏竟然不管不顾地成了和宋平起平坐的国家，宋仁宗当然觉得没面子，接受不了。他宣布停止宋、夏的贸易，还在两国边境大肆张贴榜文，悬赏捉拿李元昊。李元昊也不示弱，出兵攻宋，叫嚣着要"亲临渭水，直据长安"，意思是要灭了宋朝，入主中原。

两国谁也不服谁，打了好几年仗，双方损失都很大。

宋朝没办法，只好又照搬"澶渊之盟"的做法，和西夏订立了"庆历和议"。双方约定：元昊取消帝号，接受宋朝册封；宋每年给西夏银7.2万两、绢15.3万匹、茶3万斤，称"岁赐"；双方开放边境，自由贸易。这之后，宋、夏边境平静了20多年。

虽然宋朝不时和别国打仗，好在这些战争多数局限于边境一带，中原和江南的大片地区仍然保持着安定、繁荣的局面，经济和文化发展很快。由于文化发达，一些和文化相关的科技也有了很大进步。发明家毕昇在仁宗庆历年间改进了印刷术——改之前的"雕版印刷"为"活字印刷"，对中国和世界各国的文化交流做出了很大贡献。

印刷术的革命

雕版印刷

一本书一套版，别的书不能重复用。

刻版慢，厚一点儿的书，光雕版就需要好几年。

字刻错了不好改，错一个字，整块版都得报废。

不好保存，占地大不说，还容易被潮蚀、虫蛀、耗子咬。

书的印数少的话，刻版不划算。

活字印刷

一套活字可以重复用。

活字事先做好，排版效率高。

某个字坏了或者排错了，可以精准纠错。

保存所占的空间小，好储存。

刻一套活字就可以印所有的书。

"变"与"不变"之争

宋朝建立后，虽然顺利统一了黄河以南的大片地区，但在和北方的少数民族政权辽、夏打仗时，一直没占到什么便宜。这和之前的汉朝、唐朝真是没法儿比。朝廷里的很多人都觉得肯定是宋朝的制度出了什么问题，就想通过"变法"来提升国家的实力和形象。

宋仁宗时，著名政治家范仲淹上书，主张改革政治。他提的措施很具体、很全面，描绘的前景很动人、很美好，仁宗被打动，下诏按照他说的办法搞。因为当时的年号是"庆历"，所以相关改革措施被称为"庆历新政"。

可守旧势力相当强大，他们强烈反对变法，结果"庆历新政"只实施了几个月就搞不下去了，"改革先行者"范仲淹等人也被迫离职。范仲淹没有怨天尤人，他在著名的《岳阳楼记》里写下"先天下之忧而忧，后天下之乐而乐"的名句，表达了自己为天下人谋福利、矢志不渝的坚定信念。

1067年，宋神宗继位，这时宋朝国内的问题已经相当多。总结起来，主要是两个问题：一是需要养的官和兵太多，开支大，钱不够花；二是兵的数量虽多，打仗却不行，老是吃败仗。

宋神宗很有抱负，当上皇帝没多久就打算通过变法强国，改变积贫积弱的局面，尤其不想再通过送钱给夏、辽换取和平。

这时，有个叫王安石的人引起了他的注意。王安石在地方上当过很多年的官，政绩非常好。仁宗在位时，他就曾结合自己当地方官的实践经验，上书详细阐述自己的思想，请求变法，但没受到重视。

宋神宗详细了解他的思想之后，觉得很靠谱，就任用他主持变法大计。

在宋神宗的坚定支持下，王安石以"富国"和"强兵"作为核心，放开手脚，开始把自己的想法一项项地付诸实施。1069年—1073年，朝廷先后颁布了十几项比较大的改革措施，其中影响比较大的有经济上的募役法、方田均税法、农田水利法和军事上的保甲法。

募役法和唐朝的"租庸调制"中的"庸"差不多，只是把交布帛改成了直接交钱，由政府雇人服劳役。方田均税法就是丈量全国土地，根据实际情况将土地分等级，好地多交租，差地少交租。农田水利法主要是鼓励垦荒和兴修水利。保甲法则主要是把乡村的住户密切管理起来,每十家(后改为五家)组成一保,五保为一大保,十大保为一都保。凡家有两丁以上的,出一人为保丁。保丁农闲时要参加军训,平时要维持社会治安。

这些变法措施收到了不小成效,各地兴修了一万多处水利工程,对农业生产的帮助很大。政府的财政收入也增加了,国库积蓄的钱财可供朝廷20年的财政支出。

有了钱,宋神宗的腰杆子也硬了。1073年,宋朝和西南边的吐蕃打了一仗,宋军大胜,夺取了大片地盘,让宋神宗非常兴奋。

可是,变法也遭到很多人反对。反对最激烈的当然是地多的人。之前他们可以隐瞒手中的田地少交税,现在新法要清查土地,按照土地多少和等级收

踌躇满志的王安石

变法之争

税,这就等于要让他们把"吃下去的"都"吐出来",比割肉都疼。所以他们纷纷想尽办法抵制新法。

另外,在执行新法的过程中,一些地方官吏趁机巧立名目,中饱私囊,结果"歪嘴和尚念歪经",把本来初衷和理念都很好的新法执行得走了样。

比如,每年的夏、秋收获季到来前正是青黄不接的时候,老百姓没粮食吃,之前只能去借高利贷,最后因还不起而导致破产的情况非常多。王安石变法时实行"青苗法",规定有需要的老百姓可以去官府借贷,利率并不高。

这个办法很不错,既可以使老百姓免于高利贷的盘剥,又能稳定农业生产,还可以把原本被放高利贷者赚走的钱收归政府,实在是"一举三得"。

可"青苗法"在实际执行中却变了样。地方官吏放贷时不仅想尽各种由头克扣钱款,还用发霉的陈粮当好粮食借给老百姓,一些官府甚至不管老百姓是否需要,强迫他们统一到官府借贷,结果搞得民怨沸腾。时间久了,不少正直的大臣也开始反对变法,主持编写《资治通鉴》的著名史学家司马光就是其中反对最强烈的一位。

刚开始,王安石有皇帝做后盾,新法尚能推行。后来,随着反对的人越来越多,连宋神宗也有点儿顶不住了,慢慢开始动摇。1085年,宋神宗去世,年仅9岁的宋哲宗即位,太皇太后高氏垂帘听政。高氏此前便反对变法,掌权后立刻起用司马光为宰相,几乎把新法全部废除。王安石变法彻底失败了。

就这样,王安石变法不但没能解决问题,还使官员们开始分成主张变法(新党)和反对变法(旧党)的两大派。他们针对变法的利弊,彼此争论不休。后来吵的时间久了,就彻底变成了意气之争和派系斗争:某一派一旦得势,就不管三七二十一,把另一派的人罢的罢、贬的贬;另一派翻身之后,也如法炮制。结果你来我往,把朝政搞得乌烟瘴气。宋哲宗以后,宋朝慢慢开始走向衰落。

金的兴起与北宋的灭亡

1100年,年仅25岁却当了15年皇帝的宋哲宗病死。因为他没有儿子,他的弟弟、端王赵佶继位,史称宋徽宗。

宋徽宗自幼爱好艺术和体育,骑马、射箭样样精通,还喜欢踢"中式足球"——蹴鞠。这项起源于战国时期的

运动,到北宋时已经十分普及。受宋徽宗玩蹴鞠的影响,朝廷中的大臣对这项运动趋之若鹜。

宋徽宗在书法、绘画方面的造诣也很高,尤其擅长花鸟画,还开创了独特的"瘦金体"书法。这样一位文艺青年却阴差阳错地被按在了皇帝的位子上,心里相当惶恐。

本着"在其位,谋其政"的职业道德,宋徽宗即位之初也曾尝试整顿朝政。可当个勤政的好皇帝毕竟是件辛苦差事,于是仅仅过了一年,他就放弃了努力,开始"放飞自我",耽于玩乐。

之前他还只是端王,权力有限;现在既然当上了皇帝,他便把全天下看成自己的私产,可着劲儿地"玩"。

他任用同为书法"发烧友"的蔡京为相,设置"西城括田所",想尽办法搜刮民财,支撑自己的奢靡生活。当时山东梁山一带有八百里水泊,"括田所"一个命令就把这里全都收归公有,导致老百姓到梁山泊捕鱼、采藕都要交税,否

则就按盗贼论处。当地的老百姓日子难以支撑，干脆在宋江等人的带领下起义。明代著名的古典小说《水浒传》就是以这次起义为背景创作的。

宋徽宗还喜欢奇石。苏杭一带的"花石"正好很合他的胃口，这下当地的百姓就遭了殃。朝廷下令在当地搜刮"花石"运往都城，因规模之大还形成了一种特殊的运输交通，号称"花石纲"。后来，谁家只要有可供赏玩的东西，就会被官员抢走，进奉给皇帝，搞得很多人家破人亡。当地百姓不堪重负，在方腊的带领下起义，与朝廷抗争了一年多，加速了北宋王朝的崩溃。

这时候，一直是宋朝北方重大威胁的辽国也在加速走向没落；位于东北地区的少数民族女真族趁机兴起，并迅速壮大起来。1115 年，女真族的首领完颜阿骨打在上京会宁府（今哈尔滨市阿城区）称帝，建立金国，并不断攻打摇

金代铜坐龙

金上京遗址

上京城是金朝修建的第一座都城。作为金的都城，它历经了 4 位皇帝，沿用了 38 年。2013 年以来，黑龙江省考古学家们对这里进行系统的考古发掘，大概了解了这座古城的样貌。整座城呈曲尺形（"L"形），外城周长约为 11 千米，保存比较完好，兼有渔猎文明和农业文明的特征，是金朝汉化的一个缩影。

金建国之后，受到中原文化影响，也喜欢上了"龙"这一王权象征物，并结合本民族特色，创造了独具特色的"坐龙"。这件出土于金上京遗址的铜坐龙是国家一级文物，高 19.6 厘米，重 2.1 千克，是由黄铜铸造的。它的坐姿很像狗，这是因为狗在金人的渔猎生活中扮演着重要角色。

金上京遗址是全国重点文物保护单位，2021 年入选全国"百年百大考古发现"。

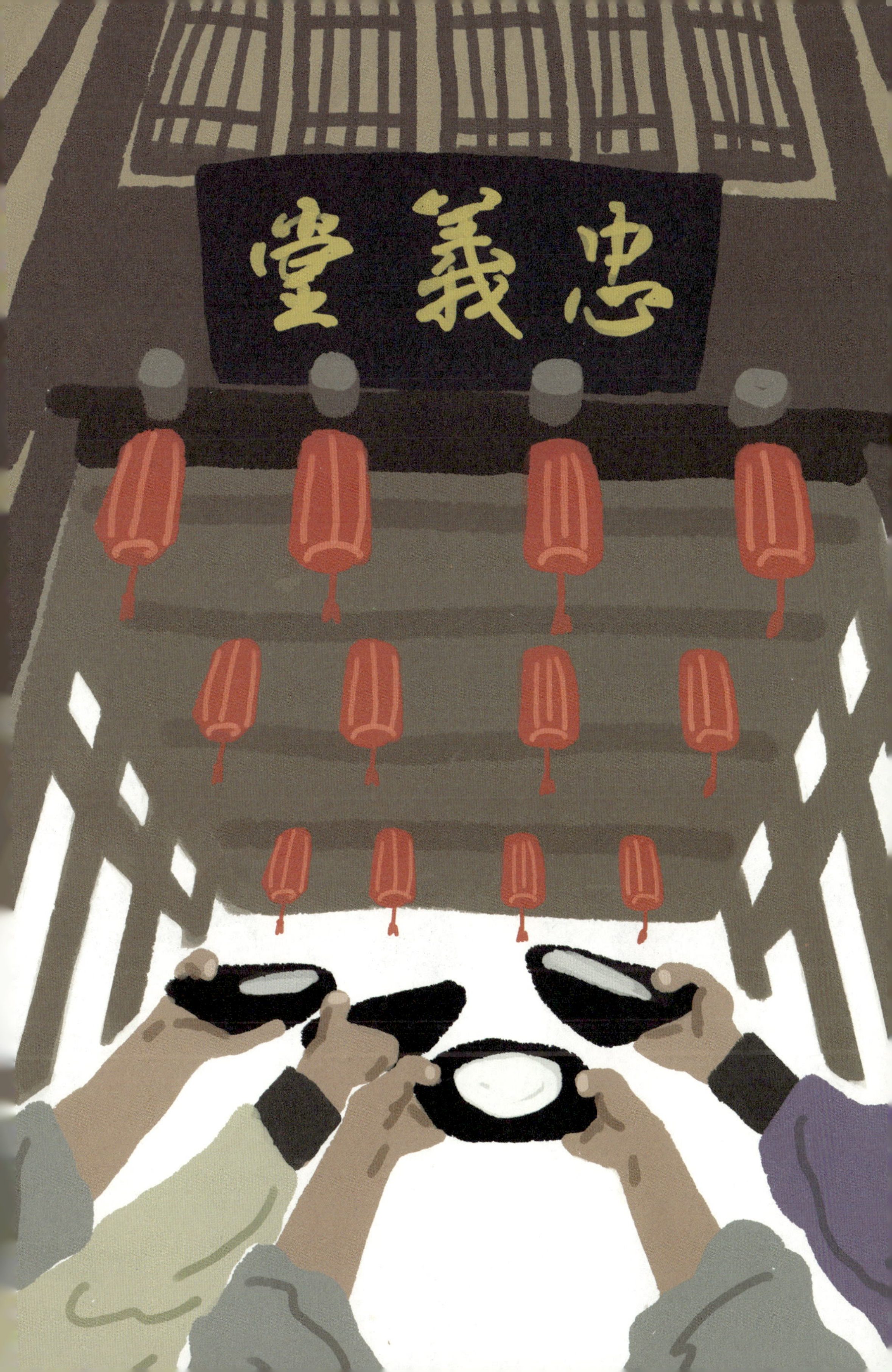
忠義堂

摇欲坠的辽国。

宋徽宗觉得这是收复"燕云十六州"的绝佳机会，就赶紧派人和金朝联络。因为宋、金之间隔着辽，宋使只好从渤海一带北上，到达金国。1120年，宋、金达成了"海上之盟"。双方约定：南北夹击辽国；灭辽后，"燕云十六州"归宋，宋则把之前给辽的岁币转交给金。

协议达成后，两国分别出兵。金国进展顺利，连续攻下辽国的中京和西京，把辽国皇帝赶进了大沙漠。可宋军按照计划攻打燕云十六州时却碰了壁，已经奄奄一息的辽国让宋军连吃败仗，最后还是靠金兵的力量才灭了辽国。

金国原本打算按照盟约行事，但在灭辽的过程中见宋军竟然这么弱，就改变了主意："辽军都这么弱了，宋军还打不过，我何不干脆把它一起吞了？"1125年，金兵趁着灭辽的余威，继续挥兵南下，直逼宋朝都城开封。宋徽宗得知消息后惊慌地大叫："真想不到金兵竟敢这样长驱直入！"他吓得晕了过去，群臣赶紧灌药急救，好不容易才把他弄醒。

宋徽宗思来想去无计可施，就打算把烂摊子交给儿子处理。他下诏禅位，自己当太上皇，由儿子赵桓继位。赵桓

就是宋钦宗,他即位后改年号为靖康。

宋钦宗和父亲一样优柔寡断、反复无常。他当上皇帝后,先是把蔡京等人贬官,重用主战派大臣李纲抗击金兵。结果,李纲率领开封军民好不容易才把金兵打退,宋钦宗见燃眉之急已解又马上翻脸,听信谗言,把李纲贬出了都城。

等第二年金兵再次打来时,朝廷已经无人可用了。就这样,金兵很快就攻占了开封,在城内肆意烧杀抢掠。开封城内的公私财物被搜刮一空。

金国虽然攻灭了宋,但不管是经济水平还是政治制度,金国都比宋朝差得多。面对面积这么大、各方面都强于自己的新地盘,金国皇帝感觉有种"幸福的烦恼"——这可怎么管理呢?

金国皇帝一脸茫然。没办法,1127年3月,他只好册立原北宋大臣张邦昌为皇帝,建立了一个名叫"大楚"的傀儡政权,代他管理新地盘,他自己则决定回老家。

1127年4月,金兵带着大批战利品,以及宋徽宗、宋钦宗和宋室宗亲、后宫妃嫔、朝中大臣等3000余人回了金国。当时天气寒冷,大雪纷飞,一路上冻死、饿死的人不计其数。这就是

"靖康之变"。延续了167年的北宋就这样以一种无比屈辱的方式结束了自己的统治。

到达金国后,宋徽宗被戏谑地封为"昏德公",宋钦宗被封为"重昏侯",最终受尽折磨,客死异乡。

张邦昌知道失去了金国这座靠山,自己的皇帝位子坐不稳,所以金兵撤走后,他就开始派人寻找宋徽宗的儿子、康王赵构的下落,并主动宣布退位。不久,康王赵构在南京应天府(今河南商丘)继位,重建宋朝。赵构就是宋高宗。为了和之前的宋朝区分,历史上称此后的宋朝为"南宋"。

南宋军民抗金的豪情壮志

宋高宗即位时,宋朝虽然还控制着河南和关中的大片地区,但金国就像一片巨大的阴影,始终笼罩在宋朝君臣的头上。

为了稳定局面,宋高宗重新起用李纲和主战派的另一位老臣宗泽,由他们负责开封的防卫,同时联合各地的义军抗金,并提拔岳飞等将领。汉族的老百姓对金兵的暴行义愤填膺,都支持"王师"。宋军备受鼓舞,多次打败金兵,

暂时稳住了局面。

可是宋高宗并没有坚决抗金的决心，他的目的只在于稳住局面，进而坐稳皇位。他表面上慷慨激昂，让太后和后宫之人先迁往杭州，自己"独留中原，训练将士"，与金兵决一死战，暗中却在寻找退路。所以，1127年7月，当金兵再次大规模南下时，他立刻下诏"巡幸东南"，目的地就是建康（今江苏南京）。他这么做的意图非常明显，就是要效仿东晋，偏安江南。

宋高宗不顾主战派大臣的阻拦，坚持南下（南渡），负责守卫开封的老臣宗泽积郁成疾，连呼三声："渡河！渡河！渡河！"后忧愤而死。

连皇帝都逃走了，各地的宋军就更无心抗战了。金兵长驱南下，先是攻占了开封，接着陆续占领了安徽的好几座重要城池。这时，宋高宗正和随从们暂避扬州，一听金兵将至，吓得立刻落荒而逃。城内的军民不知道发生了什么，见状也纷纷出逃。结果到处都是一片混乱，被挤死、挤伤和落水而死者不计其数。

随着金兵不断南进，宋高宗继续一路南逃，先后经过今天的扬州、南京、杭州、绍兴、宁波，最后竟然被逼得逃到了大海上，在海上当了一段时间皇帝。短短数月之间就跑了这么远的路，宋高宗真可以称得上"长跑健将"了！

金军在北方攻势凌厉，可打过长江

之后,却奇怪地发现仗越来越不好打了。原因很简单:第一,金国本来就实力有限,仗着骑兵的优势才得以横扫北方,而进入江南之后,面对众多的河沟港汊,骑兵的优势渐失。第二,金国新占领的地盘是文化比自己先进得多的中原地区,当地人的生活方式、娱乐活动让他们大开眼界,金国贵族们都觉得:"天哪,从来不知道天下还有这么多好吃好玩的!还苦哈哈地打什么仗呢?还是抓紧时间享受要紧!"

而且,南方的汉人对"异族"的统治非常抵触,往往自发组织起来,和政府军一起依托山寨、水寨等打击金兵,让金兵不堪其扰。在北方占领区,到处大小起义不断。1130年2月,进退维谷的金兵劫掠一番后决定北撤。大将韩世忠带领宋军趁机反击,在黄天荡(今江苏南京栖霞区)截击金军,大大鼓舞了宋军的士气。

之后的几年间,宋军加强了防卫,金军暂时也无力南下。1138年,宋高宗经过反复权衡之后,定都临安(今浙江杭州)。经过10多年的担惊受怕,他

南宋临安城遗址

浙江杭州一带曾是南宋的都城。20世纪50年代以来,考古专家们对南宋都城临安城的遗址进行了考古发掘,不但发现了城池、宫殿、政府官署等遗迹,还发现了大量南宋墓葬和烧制瓷器的官窑遗迹。2021年,该遗址入选全国"百年百大考古发现"。

这件"汉编钟""太清宫"铭铜钟于1957年出水于西湖湖底,高20.5厘米,造型精美、大方。太清宫是皇家家庙和世人祭拜老子的场所,据推测这应该是南宋时期道观中的宗教用品。

"汉编钟""太清宫"铭铜钟

终于坐稳了皇位。

岳飞和韩世忠等大将在北方义军的配合下发动北伐，不断取得胜利。尤其是岳飞率领的岳家军，纪律严明，作战勇敢，"冻死不拆屋，饿死不掳掠"，深受百姓拥护。金兵最怕和岳家军打仗，屡战屡败，不禁感叹："撼山易，撼岳家军难！"（撼动大山容易，想动摇岳家军却太难了！）

岳飞带领岳家军连战连捷，收复了河南的大部分地区，负责镇守开封的金兵将领望风而逃。眼看故都就要光复，可这时宋高宗又"掉了链子"。他担心岳飞功劳太大，威胁自己的地位，竟然连下12道金牌，严令岳飞班师。

岳飞欲哭无泪，他面朝临安方向跪拜，难过地说："十年之力，废于一旦！"但君命难违，岳飞只好下令班师，老百姓闻讯后苦苦拦在他的马前，哭声响彻云霄。

宋高宗和权臣秦桧都主张议和，他们担心岳飞会成为议和的障碍，就以谋反的罪名把岳飞父子下狱，并定下死罪。韩世忠气得不得了，问秦桧要"谋反"的证据，秦桧支支吾吾地说："谋反的证据虽然不明确，但或许有吧！"

没过多久，年仅39岁的岳飞和他年仅23岁的儿子岳云被秦桧杀害，留下《满江红·写怀》这首著名的词作令

成语小站

莫须有

南宋抗金名将岳飞被投降派大臣秦桧等陷害，被安了个"谋反"的罪名。大将韩世忠质问秦桧，秦桧说："谋反的证据虽然不明确，但或许有吧（莫须有）！"后来用这个成语形容无中生有，罗织罪名，凭空诬陷好人。

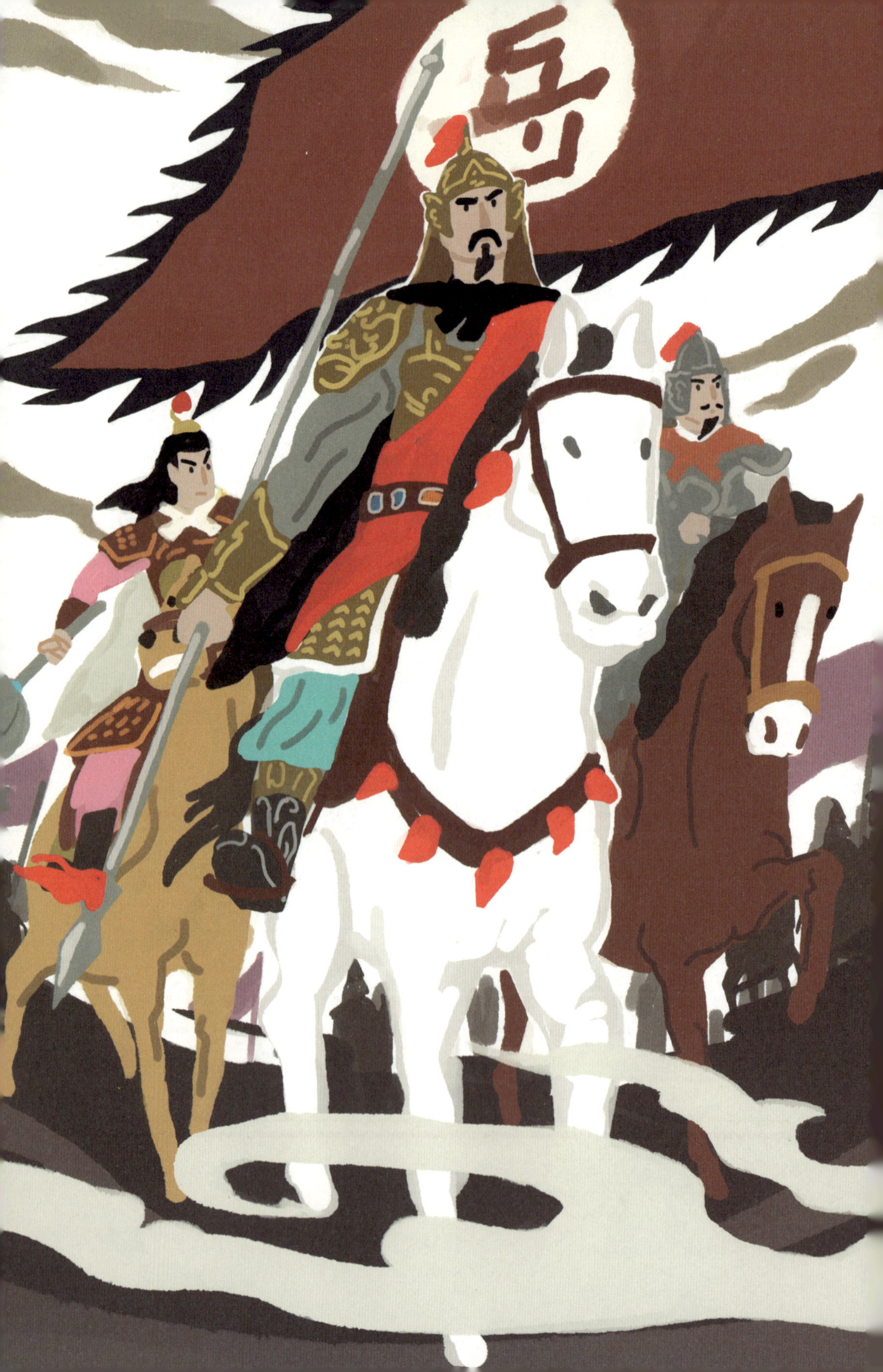

读点儿古诗文

怒发冲冠，凭栏处、潇潇雨歇。抬望眼、仰天长啸，壮怀激烈。三十功名尘与土，八千里路云和月。莫等闲、白了少年头，空悲切。

靖康耻，犹未雪。臣子恨，何时灭。驾长车，踏破贺兰山缺。壮志饥餐胡虏肉，笑谈渴饮匈奴血。待从头、收拾旧山河，朝天阙。

——岳飞《满江红·写怀》

大意 我发起怒来，头发直竖，把帽子都顶起来了。我靠着栏杆，看到一场雨刚刚停歇。抬头望去，仰天长啸，满心豪情壮志。这三十多年，我转战八千里，经历多少风云变幻，但把取得的功名看得如粪土一样。不要虚度年华啊，否则黑发变了白发，只能白白伤心。

靖康之耻还没洗雪，我的愤恨什么时候才能平息！我要驾着战车，把贺兰山给踏平！我满怀壮志，一定要让敌人血债血偿。待我从头再来，收复旧河山，胜利班师！

后人咏叹。

收到南宋议和的请求，金国皇帝喜出望外。连续几年来，金兵连吃败仗，现在有台阶下，又有钱拿，自然欣然同意议和。1141 年，宋、金订立"绍兴和议"，约定：南宋向金称臣，双方以淮水和大散关为界，宋每年向金纳银 25 万两、绢 25 万匹。这里的"绍兴"指宋高宗当时的年号，而非双方进行谈判的地方哟。

此后，南宋朝廷内部的意见严重分化，形成了针锋相对的主战派和主和派，彼此争论不休。在位的皇帝在两派的拉扯下莫衷一是，时而整顿军备、积极北伐，时而偃旗息鼓，与金议和。也许是觉得这个皇帝实在太难当，和之前大家挤破脑袋抢皇位的局面大不相同，南宋的前几位皇帝——宋高宗、宋孝宗和宋光宗都是主动禅位的，把烂摊子交给下一任，自己去当太上皇。

宋金之间就这样磕磕绊绊、打打停停，先后又签订了"隆兴和议""嘉定

读点儿古诗文

山外青山楼外楼，西湖歌舞几时休？
暖风熏得游人醉，直把杭州作汴州。

——林升《题临安邸》

大意 青山无尽，楼阁层叠，西湖游船上的歌舞昼夜不停。暖洋洋的风吹得游人如痴如醉，让人简直要把现在的国都杭州当成旧都汴梁了！

和议"等。

由于双方势均力敌，南宋没有亡国之忧，社会相对安定，所以经济获得了飞速发展。当时的人改良了水稻品种，使水稻的产量跃居诸多粮食作物之首。长江下游和太湖流域一带成为丰饶的粮仓，有"苏湖熟，天下足"（苏湖地区所产的粮食够全国人吃）的说法。

南宋的手工业也非常发达，棉纺织业、制瓷业和造船业的技术尤其先进，景德镇成为全国有名的"瓷都"。

在农业和手工业发达的基础上，商业也高度繁荣，出现了大量新兴的商业城市，市场上的商品琳琅满目。这一时期，南方的经济逐渐超过北方，成为全国的经济中心。

南宋的灭亡

金国鼎盛时期的疆域非常辽阔，包括今天中国的东北、华北、关中，以及俄罗斯的远东地区。随着立国的时间越来越久，金国皇帝的统治也慢慢变得腐朽起来。

这时，蒙古草原上的蒙古部落开始兴起。他们逐渐摆脱金的统治，成为一支强大的力量。1206 年，蒙古族的杰出首领铁木真统一了蒙古草原各部落，建立了蒙古政权，并开始向南开拓地盘。

为了集中精力对付主要的敌人金国，蒙古选择先攻打金国的盟国西夏。西夏向金求援，金国皇帝却幸灾乐祸，见死不救。西夏不是蒙古的对手，只好向蒙古臣服。

此后，蒙古开始一门心思对付金国。蒙古大军攻势凌厉，金兵连吃败仗，只好不断往南撤退，甚至把国都也迁到了开封。

1227年，成吉思汗在攻灭西夏的前夕去世。他临终时留下遗言：利用宋金矛盾，联宋灭金。1232年年底，蒙古派使者来到南宋，想和南宋一起夹击金国。金国听说后，也赶紧派使者来到南宋，陈述利害，希望宋金联合抗击蒙古。

这时南宋大臣大都认为应该联蒙抗金，以报"靖康之耻"的国仇；只有淮东安抚使赵范认为应该吸取北宋灭亡的教训，援助金国，让金国成为宋和蒙古之间的缓冲地带。

当时的南宋皇帝宋理宗摇摆不定，后来看到孤立无援的金军节节败退，败局已定，便决定与蒙古联合。1234年，金国的最后一个据点蔡州（今河南汝南）被攻破，金国灭亡。宋军将自缢而死的金哀宗的遗骨带回南宋都城临安，埋于大理寺狱库，算是洗雪了"靖康之耻"。

金灭亡之后，很多南宋人担心的局面果然出现了：此后多年，蒙古每年都南下攻宋。

面对蒙古军队，南宋将士们拼死抵抗。再加上蒙古军长驱南下，战线太长，兵力不足，往往攻占一座城池后没多久，就被迫调兵到别处。结果，蒙古军这边刚一离开，城池就又被宋军趁机轻松占据，因此蒙古军始终没占到太多便宜。

这段时间，蒙古攻宋不像是在打仗，而更像一场场抢劫，抢了东西就走，实际上没有多占地盘。于是蒙古改变策略，开始把主要精力集中在西征上，军队一度攻打到东欧附近，并招降吐蕃，灭大理国，对南宋形成了包围之势。

做完这些准备工作之后，1258年，蒙古军队在大汗蒙哥的带领下，分三路大举攻宋。没想到蒙哥汗的运气实在不好。蒙古军队攻打合州（今重庆合川）时，他站在阵前督战，竟然被宋军的矢石击中，伤重而死（一说因病去世）。

关键时刻出了这事，本来气势很足的蒙古军队瞬间没了主心骨，只好偃旗息鼓,撤回了根据地。

蒙哥死得突然,没有立继承人,导致接下来蒙古发生了内乱。经过好多年的争斗,蒙哥的弟弟忽必烈最终夺得了汗位。

这段时间,蒙古无暇他顾,宋朝的北部边境获得了难得的平静。可宋理宗和继任的宋度宗并没有抓住机会提升国力,反而沉迷于享乐,任用奸臣,搞得南宋更加衰败。

1268年,憋足了劲儿的蒙古军队再次南下,围攻襄阳、樊城等重镇。权臣贾似道把军情捂得严严的,完全把宋度宗蒙在鼓里。

直至襄阳城已经被蒙古大军围攻近3年后,宋度宗才从一个宫女的口中偶然听说这件事。他赶紧找来贾似道询问,贾似道却说:"蒙古兵已经退了,这是谁造的谣?"随后贾似道就逼迫宋度宗将那名宫女赐死了。

1271年,忽必烈改国号为元,并加紧了攻势,兵锋直指南宋都城临安。此后南宋城池要么被攻破,要么守将投降,多城相继落入敌手。

形势万分危急,朝臣们纷纷上书,要求主持大局的贾似道带兵出征。贾似道没办法,只好勉强同意。

他从各处抽调了精兵10余万,用船装了无数的金帛、兵甲和给养,离开京城,队伍绵延百里,声势看上去非常浩大。

贾似道对内飞扬跋扈,可实际上无能透顶。面对虎视眈眈的元军,他胆小如鼠,想尽办法讨好元军,想采用议和的老套路,但被元军拒绝了。无奈之下,他带兵在安徽芜湖和铜陵一带与元军打了一仗,结果一场败仗下来,把南宋的水军、陆军主力"造"了个精光。

1275年,元军兵临临安城下,朝廷发出诏令,让各地紧急派兵"勤王"(救援)。可很多城池的守将都被元军吓破了胆,在动降元的心思,几乎无人响应,朝廷大臣们也纷纷弃城逃跑。元军很快攻破临安,俘虏了年仅5岁的宋恭宗。

元军南下时,四处烧杀抢掠,为了打击南宋军民的抗元意志,甚至多次屠城,这引起了南宋军民的强烈愤慨。他们不甘心被"异族"统治,拼死抵抗。临安陷落后,陆秀夫、陈宜中等在福州拥立宋端宗,组成小朝廷,组织军民继续抵抗。后来,宋端宗在颠沛流离中病死,他们又拥立年仅8

岁的赵昺（bǐng）为皇帝。

可是这些努力都已经无济于事。1278 年，南宋右丞相文天祥被俘，1279 年，元军水陆并进，进攻宋军最后的根据地崖山（今广东新会附近）。宋军陷入重重包围之中，经过激战，最终全线溃败。

陆秀夫见大势已去，哭着向小皇帝跪拜，说："国事一败涂地，陛下理应为国殉身。"说完，他把皇帝的玉玺系在腰间，背起小皇帝纵身跃进大海，以身殉国。至此，宋朝彻底灭亡。

文天祥被俘后，被囚禁了近 4 年。忽必烈想尽办法劝他归降，都被文天祥拒绝。1283 年，文天祥从容就义，终年 47 岁。他给后人留下了"人生自古谁无死？留取丹心照汗青"的著名诗句，浩气长存人间！

读点儿古诗文

辛苦遭逢起一经，干戈寥落四周星。
山河破碎风飘絮，身世浮沉雨打萍。
惶恐滩头说惶恐，零丁洋里叹零丁。
人生自古谁无死？留取丹心照汗青。

——文天祥《过零丁洋》

大意 回想我之前历尽辛苦通过科举当了官，没想到国家遭难，我投身抗元战争已四年。眼看着山河破碎，国家危在旦夕，如风中飘絮，我自己也像无根的浮萍一样浮浮沉沉。惶恐滩的战败我至今难忘，如今被元军俘虏，经过零丁洋不免感叹自己的孤苦无依。从古到今，谁能不死呢？我为国尽忠的一片忠心，一定能光照千秋，青史留名。

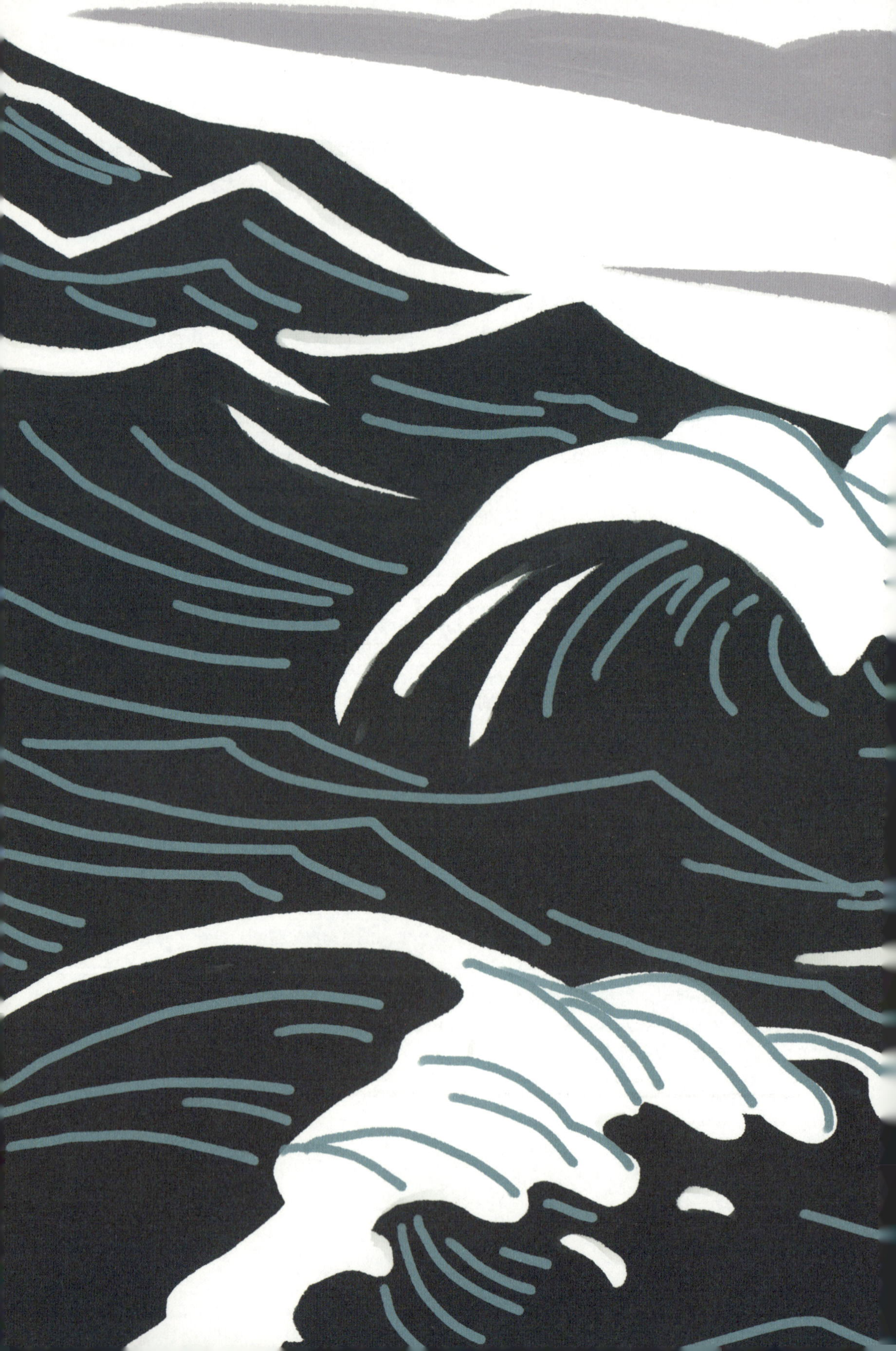

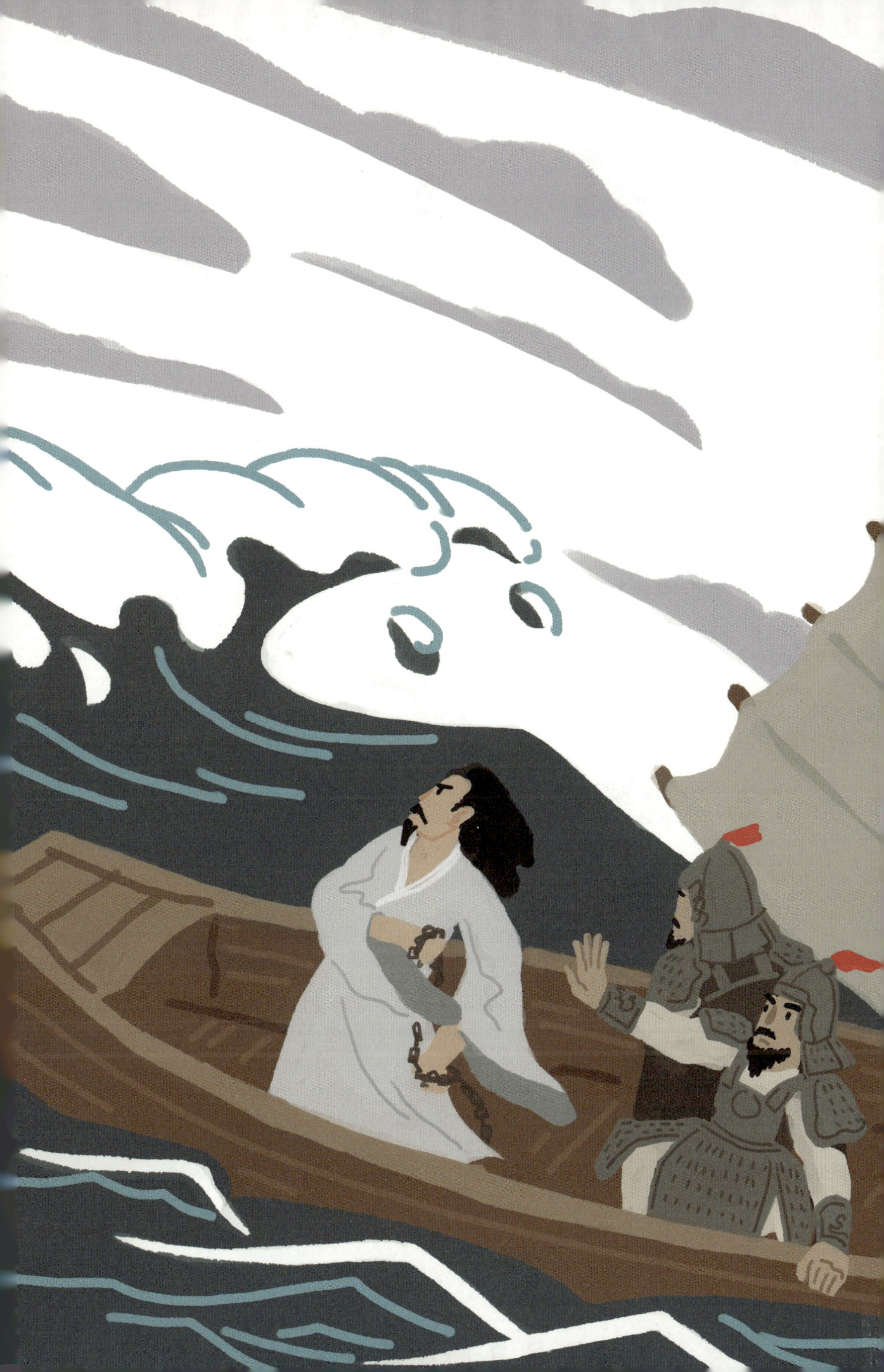

宋朝人有话说

讲述人
姓名 小乙（衣）
身份 南宋临安城裁缝

我们的穿着总体上还是延续唐朝样式。不过，一些当官的人喜欢穿一种对襟长衫，名叫"直裰"。这种衣服袖子很宽大，袖口、领口多镶着黑边，本来是和尚、道士穿的，后来因为实在很舒服，就越来越流行了。他们还喜欢戴一种方桶形的头巾，因北宋人所绘东坡像中苏东坡戴的就是这种头巾，所以我们叫它"东坡巾"。

现在一些女性开始养成一种很奇怪的习惯，就是用窄布带把脚给紧紧地缠起来，让脚显得尽量小些。据说这样人走起路来会摇摇晃晃、摆来摆去，像风吹杨柳一样，很好看。说实在的，我完全看不出来有什么美感，而且这样也太折磨人了吧！

"罗双双"铭文银鞋和史绳祖墓

1974年，浙江衢州衢江区浮石街道元桥村的一位农民在菜园挖土时，意外发现了一座南宋墓。墓主人是南宋时的官员、学者史绳祖和他的夫人杨氏。这座墓虽然被盗过，但仍出土了38件珍贵的金银器、玉石器等文物，其中7件为国家一级文物。

这双银鞋就是其中的一件。每只鞋由3块银片——鞋底1片、鞋面2片——焊接而成。鞋头上翘，鞋底有繁体的"罗双双"字样。鞋子尺码比较小，宽4.5厘米，长14厘米，是南宋女子缠足的实物证据。

讲述人	姓名	小史（食）
	身份	南宋婺州食肆掌柜

现在好吃的可实在太多了！如果你是个"无肉不欢"的人，那就再合适不过了，因为我们已经发明了一种新吃食——火腿。

火腿制作起来不难，要想做得好就不容易了。我们这里的火腿最有名——没错，就是你们后来说的"金华火腿"。我们选用上好的猪后腿，先用盐腌，后用烟熏，这样制作好的火腿可以保存好几年。而且，不管什么时候切开，肉色都很鲜亮，味道也超级棒。形、色、香、味是我们这里的火腿的"四绝"。我们这儿是宗泽将军的老家，他曾把火腿带给皇上品尝，连皇上也赞不绝口呢！

另外，涮羊肉也很受欢迎。不过羊肉实在太贵了，价格高得离谱！在我们吴地，买一斤羊肉需要九百钱。在县衙里面做县尉（相当于你们的县公安局局长），一个月的工钱也只够买八九斤羊肉。

讲述人	姓名	小祝（住）
	身份	南宋临安城都料匠

我们这时候"重文轻武"的风气很重，甚至影响了建筑风格。之前很多朝代的宫殿啊、住房啊，都讲究大气、壮观。我们却不一样，更喜欢将它们建得小一点儿，然后进行细节加工和装修，那感觉就像在做工艺品。哈哈，据说你们把我朝的建筑誉为"古代建筑美学之首"，应该也不算过誉啦！

过去的人搞建筑，用料啊、用工啊大多没有统一标准，主要靠感觉。我朝的李诫奉皇上之命编了一部《营造法式》（相当于"建筑法规"），对用工、用料、规范等进行了严格规定，相当实用，对后世影响非常大。

讲述人	姓名	小兴（行）
	身份	北宋汴京城街道司兵士

"街道司"类似于"城管"，主要负责京城道路的建设、绿化、清洁和清理违章占道经营之类的工作。

说到出行，你看过大画家张择端画的那幅《清明上河图》吧！他画的就是我们北宋都城汴京（今河南开封）清明时的热闹景象。我们平时的陆路、水路出行的情况，在里面基本都能看得到！你看，我们的陆路出行工具有人力车、轿子、骡车、驴车、马车、独轮车、牛车、架子车，水路出行工具有客船、货船、帆船之类。

根据张择端《清明上河图》改绘（局部）

《清明上河图》是北宋画家张择端的画作，属于国宝级文物，宽24.8厘米，长528厘米，画中有数百人，此外还有各种牲畜60多头、木船20多艘、房屋楼阁30多栋，内容丰富无比，生动地记录了北宋都城汴京的城市面貌，具有很高的历史价值和艺术价值。

讲述人	姓名	小永（用）
	身份	北宋汴京城王员外宅中管家

  过去的人喜欢席地而坐，我们则慢慢开始习惯坐在椅子上或者床上。之前的椅子叫"胡床"，到我们这时候才有了"椅子"的叫法。

  我们这时候椅子的种类很多，有靠背椅，也有扶手椅，尤其是出现了一种当官的人很喜欢的"太师椅"。据说有一次，秦太师（就是害死岳将军的那个秦桧）坐在圈椅上，一仰头，头巾掉了。有个喜欢巴结的人听说后，赶紧让人做了一些荷叶形状的木托安在椅子后面，后来这种椅子就流行起来了。用你们的话，怎么说来着？对，这叫"符合人体工学"！

  至于它为什么流行，我也说不准。可能是因为官员们公务繁忙，而坐在太师椅里头一仰就可以靠着打会儿盹儿，比较舒适吧！

白沙宋墓

  1951年，为了根治淮河水患，河南许昌开始修建白沙水库，在施工过程中人们意外地发现了一处保存很好的宋代古墓。随后，国家组织精锐考古专家组成白沙宋墓考古发掘队，对这里进行了发掘、清理，先后发现了3座宋墓，统称为白沙宋墓。墓中的随葬品价值极高，尤其是其中的壁画，更是多角度地再现了宋代人的日常生活图景。2021年，白沙宋墓入选全国"百年百大考古发现"。

这是一号墓前室西壁的壁画，表现的是墓主人赵大翁夫妇端坐在椅子上侧身观看乐舞的场面，里面的家具就是"一桌二椅"的陈设方式。

| 讲述人 | **姓名** 小宛（玩）
身份 南宋临安城瓦肆游商 |

　　来，来，今天我请你去"瓦子"看戏！"瓦子"也叫"瓦肆"或者"瓦舍"，差不多相当于你们城市里的"艺术区"。每个"瓦子"里都有很多个剧场，我们叫它们"勾栏"。

　　"勾栏"里的演出一直不停，从早到晚，从春到冬。入口处还贴有花花绿绿的"招子"，上面写着当天要演的戏和名角的姓名，相当于海报。勾栏里面设有观众席，座位一般不编号，到得早的可以挑好座位坐。当然，观众席也分等级，"青龙头"在舞台左侧，"白虎头"在舞台右侧，是黄金位置哟。

　　这里也表演滑稽戏（类似于你们常看的小品）、说书、说诨话（类似于你们喜欢听的相声）、傀儡戏（木偶戏）、踢弄（杂技）之类。

　　为了服务观众，"瓦子"里还有酒肆、茶坊、食店、摊铺等，人来人往，非常热闹。

　　据说临安城里有 23 所"瓦子"，怎么样，我们的娱乐生活不比你们现代人差吧？

第三部分：
中国航海文化

中国是海洋大国，海岸线非常长，仅大陆海岸线就达 1.84 万千米！我们的祖先最初在陆地上谋生，后来开始把目光转向辽阔而神秘的海洋，并发展出了引人注目的航海文化。广东附近海域发现的"南海Ⅰ号"南宋沉船就是中国古代航海文化的重要遗存，对研究中国古代航海文化具有重要价值。

与大海最初的"亲密接触"

在原始社会后期的新石器时代，一些住得离大海比较近的原始先民，如山东大汶口人、浙江河姆渡人等，除了在陆地上耕种，还开始慢慢与海洋结缘。

他们先是在与河流、湖泊等打交道的过程中积累了一些与水相处的经验，学会了制作木筏或者小舟。西汉时成书的《淮南子》中有"燧人氏以匏济水，伏羲氏始乘桴"一说。也就是说，原始人先是发现抱着"匏"（葫芦）之类东西可以安全地在水面漂流，后来受此启发发明了"桴"（木筏或竹筏）以及独木舟。

接下来，他们更进一步，把这些发

明应用到海上，借助风力、洋流等，不断向大海深处漂流。

中国原始先民们的海上漂流之旅可能远得超乎很多人的想象！如著名的龙山文化发源于山东济南，可龙山文化的器物和民俗在当时却已经越过渤海湾传播到了辽东半岛，越过黄海传播到了朝鲜半岛和日本，甚至在北美的阿拉斯加也发现了龙山文化的遗物。

当时，原始先民们对大海的认识几乎是一片空白，他们出海时乘坐的是非常原始的独木舟和木筏，面对的是完全看不到尽头、不时掀起巨浪的蔚蓝色海面。这种勇于探索的大无畏精神真是令人佩服！

夏商周时期，造船技术有了一定提高，尤其是河湖港汊众多的南方地区首先掌握了用木板造船的技术。再加上学会了利用风帆，这一时期人们出海更加频繁，出海的距离也越来越远。

同一条海路走的时间久了，人们便慢慢总结出了一些"怎样走更安全"的经验：什么地方有暗礁，什么地方有险滩，什么地方水急浪高……于是就形成了固定的航线。当然，由于条件限制，这一时期的航线都在近海海域——山东半岛与辽东半岛之间的航线、浙江到台湾的航线是中国最早的两条沿海航线。

不难想象，在那个航海主要靠个人经验的时代，一条新航线的开辟需要付出多少生命的代价。

春秋战国时，各诸侯国之间展开你死我活的争夺，大海不可避免地成为"新型战场"。公元前485年，吴国为了争霸，分陆路和海路两条路线进攻齐国。吴国派出的战船有余皇（指挥舰）、"三翼"（主战舰）、楼船（舰上有重楼）等种类，其中"三翼"中的大翼长约23米，能搭载水手和士兵近百人，功能非常强。

齐国也是传统的海上强国，与吴国在今山东琅琊台附近的黄海海域展开激战。这就是中国历史上最早的海战。这次海战中，齐国取得最终胜利，大大挫败了吴国的称霸事业。

放眼世界，"海上丝绸之路"终于成形了

秦汉时期，国力强盛，经济繁荣。这时，丝绸这种手感绝佳、闪闪发光的神奇织物受到了西方的追捧。随着需求越来越大，其价格也水涨船高。

为了把这个"紧俏货"卖给西方赚大钱，汉朝竭力开辟从中原出发、通过西域到达西亚的"丝绸之路"。虽然汉朝费了九牛二虎之力，好不容易打通了西域，但这一带少数民族政权非常多，形势复杂多变，让这条"财路"始终险象环生，甚至不时中断。

于是有人提出了新设想："陆路不行的话，走海路怎么样呢？"要是放在过去，这肯定会被视作"痴人说梦"；但在汉朝，这并非异想天开。因为这时的造船技术和航海技术与之前相比都有了很大提高。

这时人们已经发明橹和舵，将它们装在船尾，能够提供更强的动力，还可以轻松控制船前进的方向；风帆的使用也很普遍，人们已经熟练掌握了"张帆驶风"的技术，不管风往哪个方向吹，都可以加以利用。

尤其重要的是，天文学知识开始被运用到航海中。人们去远海时，即使比较长的时间看不到陆地，也能通过太阳和星辰大致确定方向，不至于彻底迷航。

东汉陶船

这件东汉时期的陶船是一件随葬的明器，1955年出土于广州，高16厘米、长54厘米，应该是根据真船的结构、形状，按比例缩小制作的"缩微模型"。这件文物目前珍藏于国家博物馆。

仔细观察，可以发现船尾有一支早期的舵，一陶俑正在奋力掌舵，应该是这条船的舵手。舵面是不规则的四方形，舵杆用十字形结构固定，斜伸入水中，相当于一个长杠杆，可以自如地调节船只行进的方向。

于是，在朝廷的推动下，一条"海上丝绸之路"开始成型：从丝绸的主产区江南一带出发，经过台湾海峡和琼州海峡，一路西进，先后到达东南亚、斯里兰卡、印度。到魏晋南北朝时期，中国甚至可以直接与罗马帝国通航。

另外，秦汉时两位"超级明星皇帝"秦始皇和汉武帝的迷信活动也对中国航海事业的发展起到了一定的推动作用。他们都曾热衷于求仙问道，也都曾多次进行海巡，希望寻找到蓬莱等所谓的"海上仙山"。这些投入不少人、花了大钱的航海活动，由皇帝亲自过问，对通往朝鲜半岛、日本的航道的开辟起了重要作用。

领先时代的技术，造就不朽航海伟业

唐朝国力强盛，对外交流非常频繁。宋朝的疆域比不上唐朝，但是经济更加繁荣，尤其是制瓷业发展迅猛，使瓷器一跃成为与丝绸同等重要的外销商品。

唐宋的造船业发展很快。北宋时，江西吉安的船厂曾创下一年造1300多艘船的纪录。船厂首先根据船的用途造出模型，再制作船图，最后才正式施工，科学性和效率都大大提高。相比之下，欧洲直到三四百年后的16世纪才出现了比较简单的船图。

海船在海上航行时，对天文学知识的应用也更加充分，出现了各式各样的观测仪器，如"牵星板""量天尺"等。其中的"牵星板"用来测量星体与水平线的距离，类似于现在的六分仪，这就比之前单靠眼睛观察靠谱多了。

遇到阴雨天气，看不到太阳、星星时怎么办呢？这也难不倒当时的人。据北宋朱彧的《萍洲可谈》等书记载，当时人们已经把中国的"四大发明"之一指南针应用于航海，"夜则观星，昼则观日，阴晦观指南针"，真是针对不同情境，安排得妥妥当当。

有了造船技术和科技的支撑，唐朝到元朝，中国的航海事业发展惊人！"海上丝绸之路"在原有的基础上不断向西拓展，形成了从广州出发到波斯湾、东非以及欧洲的海上航线，全程约1.4万千米。这是当时世界上最长的远洋航线，充分显示了中国在航海方面的领先地位！

进入明朝后，中国的航海事业迎来了巅峰期！明朝永乐年间，为了宣扬国威，同时也为了进行对外贸易，明永乐帝派"三宝太监"郑和出海远航。

1405年7月，郑和率领由208艘宝船组成的船队第一次下西洋。这些宝船大得惊人。1957年，南京宝船厂遗址出土了一根用在宝船上的巨型舵杆，长度超过11米。根据专家推算，宝船的长度可能在100米以上，排水量达上千吨。

100多年后，葡萄牙航海家达·伽马和意大利航海家哥伦布等人开启了大航海时代。然而，他们所乘坐的最大的船，排水量也不过300吨左右。郑和的宝船与之相比，真可以称得上"巨无霸"了！

此后，郑和又率领船队先后进行了6次远航。每次远航，船上都装载了大量货物，随员也有两三万人之多，除了船员、工匠，还有外交官员、士兵等。船队访问了亚非沿岸30多个国家和地区，最远到达今天位于非洲东岸的肯尼亚的蒙巴萨。每次回程，都有很多国家的使臣随船队来明朝，使明朝和这些国家的交流大大加深。

郑和下西洋规模之大、时间之长、范围之广，达到了当时世界航海事业的顶峰。以他为代表的明代航海家们的航海成就不但丝毫不比发现新大陆的哥伦布等航海家逊色，甚至在很多方面都远远超过对方。明朝是当时世界上数一数二的强国，可中国船队在所到之处都与当地人和睦相处、公平交易，成为传播中华文明的"和平使者"，数百年来传为佳话。

对于郑和下西洋的壮举，起支撑作用的是其背后强大的明朝。郑和之后，盛极而衰的明朝内忧外患不断，再也无力组织这么大规模的远航。

清朝取代明朝之后，长期实行"闭关锁国"的政策，觉得天朝上国无所不有，对远洋航海这种耗资巨大、收益有限的"亏本买卖"更是兴趣不大，由朝廷组织的官方远航几乎绝迹。第一次鸦片战争之后，中国沦为半殖民地半封建社会，连国家主权都难以保全，更不用说发展航海事业了。

就这样，中国航海从郑和下西洋时的巅峰状态跌落后，沉寂了数百年。直到中华人民共和国成立，中国航海事业才重新恢复勃勃生机。在新时代，新一代中国航海人将继续书写中国航海文化的辉煌篇章！

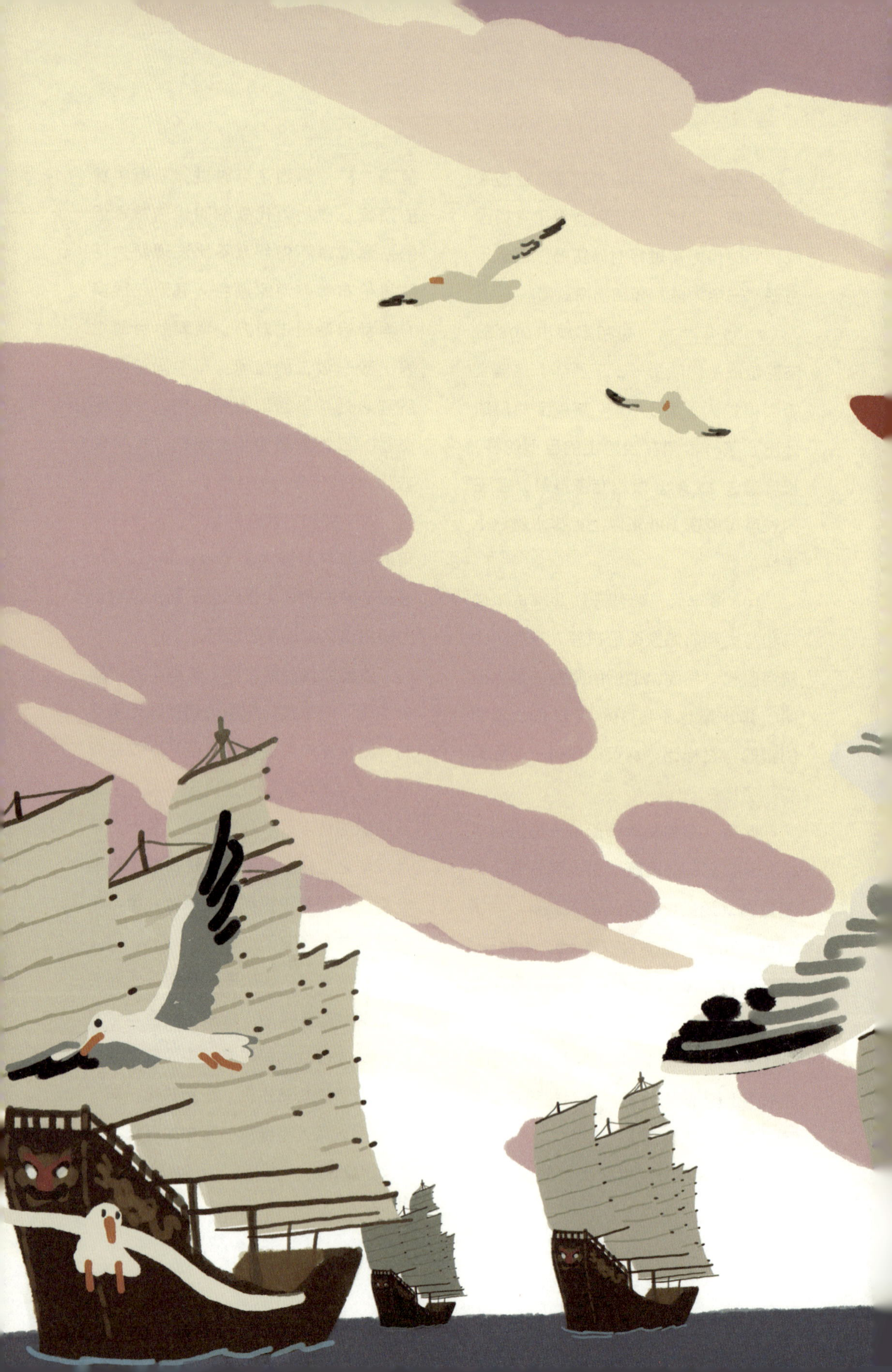

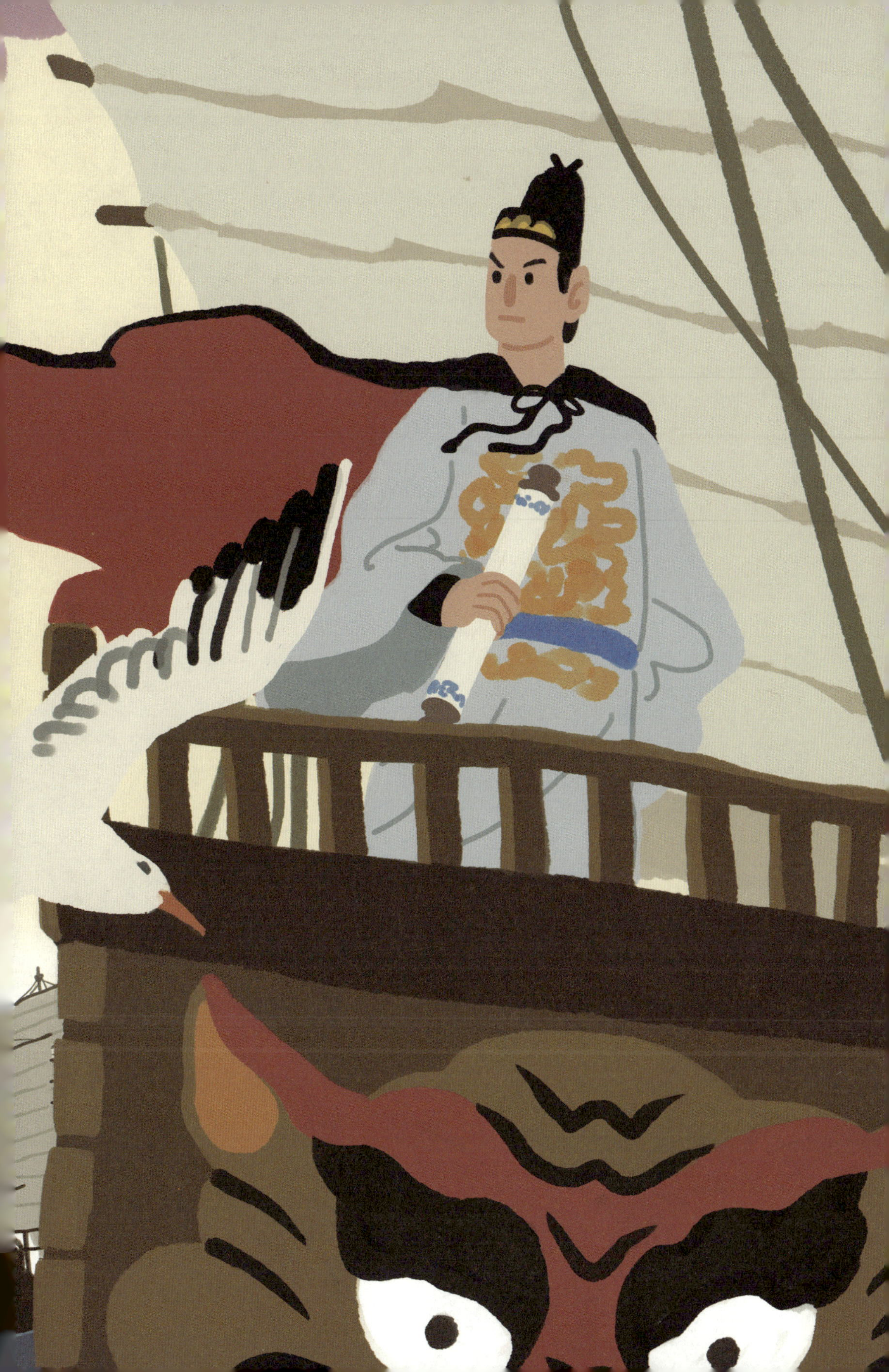

公元 1206 年

|

公元 1402 年

公元 1206 年，铁木真被推举为"成吉思汗"，建立大蒙古国。
公元 1234 年，蒙古灭金。
公元 1271 年，忽必烈改国号为元，次年定都大都。
公元 1279 年，元灭南宋。
公元 1294 年，元世祖去世。
公元 1341 年—1344 年，脱脱更化。
公元 1368 年，元大都被明军攻破，元朝在全国的统治结束。
公元 1402 年，北元灭亡。

第二章

元

开篇：
遗址发现

1992 年 7 月，内蒙古锡林郭勒盟正蓝旗羊群庙一带发生了一起盗墓事件。内蒙古自治区政府得知后，非常重视，很快便组织了包含刑侦人员、考古专家在内的联合调查组，前往事发地进行调查。令人意外的是，被盗挖的并不是地下墓穴，而是一处"大土包"。"大土包"是用石头围墙围成的高台，上面有汉白玉石人像。调查组进一步扩大勘察范围，又在附近发现了 3 处这样的建筑遗址。

结合出土服饰的特点和史料记录，专家们断定，这几处遗址并非墓葬，而是蒙古和元朝时期祭祀祖先或天地的祭祀遗址。

茫茫草原腹地出现这些祭祀遗址，它们是孤立存在的吗？显然不大可能。联想到东南方向约 35 千米处是元上都遗址，专家们决定到那里看看。

上都曾是元朝的都城。元末，这里被起义的红巾军攻陷，被兵火烧毁，从此没落。其遗址位于闪电河（滦河上游）北岸水草丰美的金莲川草原上。得益于草原独特的地理环境，元上都遗址的城墙基本完好，城内的建筑遗迹和街道布局依稀可见。

专家们来到这里，一下被这处雄浑、壮美的都城遗址震惊了！

这么好的一座古城，这么重要的一处历史遗迹，就这样被遗弃在大草原深处，实在太不应该了！考古专家们经过讨论，决定尽快对这里展开深入发掘。

第一部分：
考古发掘

遗址概况

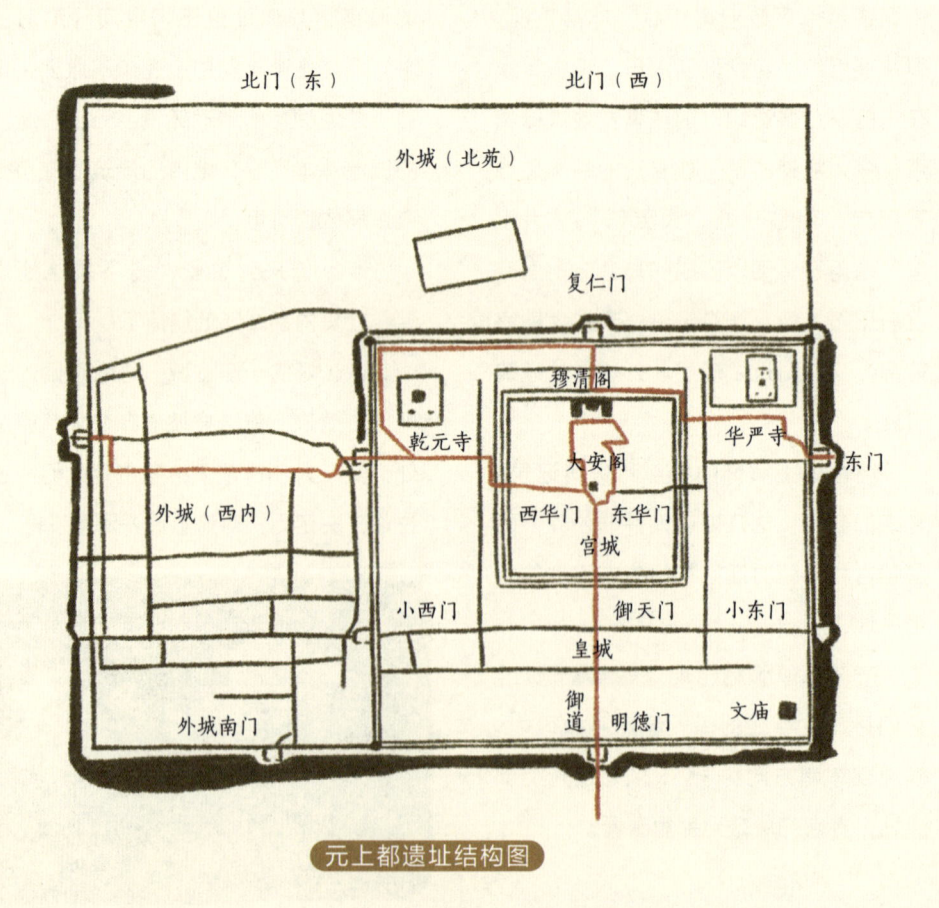

元上都遗址结构图

重点细节展示

真正把这里的考古发掘提上日程，专家们才发现困难之大：这里平均海拔高度在 1200 米以上，交通很不便利，加上气候条件限制，每年可以进行野外工作的时间连 4 个月都不到。

考古工作丝毫马虎不得，一点点的急躁都可能对遗址造成不可挽回的破坏。为了不留遗憾，尽最大可能恢复元大都的面貌，考古专家们做好了长期"作战"的准备。

他们先是花了足足 3 年时间做准备工作：对遗址的范围进行测绘；结合之前的经验，推测遗址各部分的布局情况；清理、发掘城区外围的祭祀遗址和墓葬。在这个过程中，他们慢慢地掌握了丰富的草原考古经验。

1995 年，城区的发掘正式开始！经过长期的艰苦奋战，元上都的面纱被一点点揭开，这座设计科学、规模宏大的草原都城的全貌逐渐呈现在世人面前！

元上都城址的周长约为 9000 米，由内而外依次是宫城、皇城、外城和城外的关厢（城外的百姓聚居区）。其中，皇帝办公和居住的宫城是重中之重，同时也是元上都建筑艺术的最佳代表。

宫城整体是长方形的，东西宽 570 米，南北长 620 米。这里出土了大量汉白玉浮雕龙纹角柱、雕花石刻、琉璃瓦构件、绿釉龙纹瓦当、滴水（传统中式建筑中一端有下垂边的瓦）、砖雕和瓷片等。看到它们，人们的眼前仿佛出现了当年元上都宫城楼阁辉煌、飞檐高耸的繁华景象。

宫城中央偏北的大安阁是皇帝举行登基仪式、临朝、议政、接见外国使者的地方，所留基址东西长 36.5 米，南北宽约 30 米。据记载，它的高度达到惊人的 69 米，是有记录的古代中国最高的宫殿。

《元史》上记载，元朝大将阿沙不花曾随从元世祖忽必烈来到上都。一次早朝时，因为露水太多，他干脆脱了鞋子光着脚走，没想到被宫城里的元世祖从大安阁远远望见。元世祖觉得他的做法不庄重，故意为难他，命门卫不许放他入朝。阿沙不花没办法，只好从墙下的水道钻进宫城，相当尴尬。能从大安阁望那么远，可见大安阁之高了！

元上都的宫城布局也很有特色。其他都城的宫城，建筑都讲究规范、秩序

大安阁

和对称；元上都宫城里的建筑则根据地形随意安排，看起来更像是园林，饶有趣味。

宫城之外是环绕宫城而建的皇城，分布着官署、寺院和手工作坊等。元朝人的信仰非常自由，因此皇城里的宗教类建筑可谓五花八门。除了西北角的乾元寺、东北角的大龙光华严寺之外，还有一些道观和清真寺，皇城东南角还发现了孔庙的遗址。真是名副其实的"兼容并包"！

外城是曲尺形的。奇怪的是，北部和西部的外城并不相通，考古专家们在中间发现了一道土筑的隔墙。此后的发掘显示，北部没有发现建筑基址，而西边的外城则有很多街道和店铺建筑遗址。

原来，外城北部当时是专供皇帝观赏、游玩的皇家园林，也就是"御花园"，也称"禁苑"。这里实际上是一座皇家野生动植物园，里面有各种珍奇的花草树木、飞禽走兽。元朝皇帝每年夏天来上都消夏，处理政务之余，还可以在园内骑马射猎，重温草原上的生活。为了保证皇帝的安全，同时使其免受打搅，所以外城北部要和西部隔开。

外城西边靠近西门处出土了一些竹子的残留物和瓦片，据此这里被考古专家确认为元代著名宫殿棕毛殿的遗址。据记载，棕毛殿全部由竹子修建而成，所以也被称为"竹宫"。元朝皇帝曾多次在这里召集王公贵族、宿卫大臣们，举行"诈马宴"。这种盛会集酒席、歌舞、竞技于一体，人数少说也在千人左右，可谓盛况空前。

在元上都城外，还有广阔的关厢地带。根据遗址判断，这些关厢的职能区分也很清楚，比如进入元上都的明德门以及御道附近，因为属于人来人往的交通要道，分布的主要是酒店和客栈。根据已出土的文物，人们不难想象这里当年的繁华景象。

意大利旅行家马可·波罗曾到元朝游历，对元上都赞不绝口："（上都）内有大理石宫殿，甚美！其房舍内皆涂金，绘有种种鸟兽花木，工巧之极，技术之佳，见之足以娱人心目……"就这样，上都通过他的描述在西方世界声名鹊起。它的英文音译名"Xanadu"的意思就是"世外桃源"，可见那时的西方人对上都的向往。

元上都城居民死后，多葬在城外，而且汉、蒙分开埋葬。考古专家发掘了几处比较集中的墓地，其中的砧子

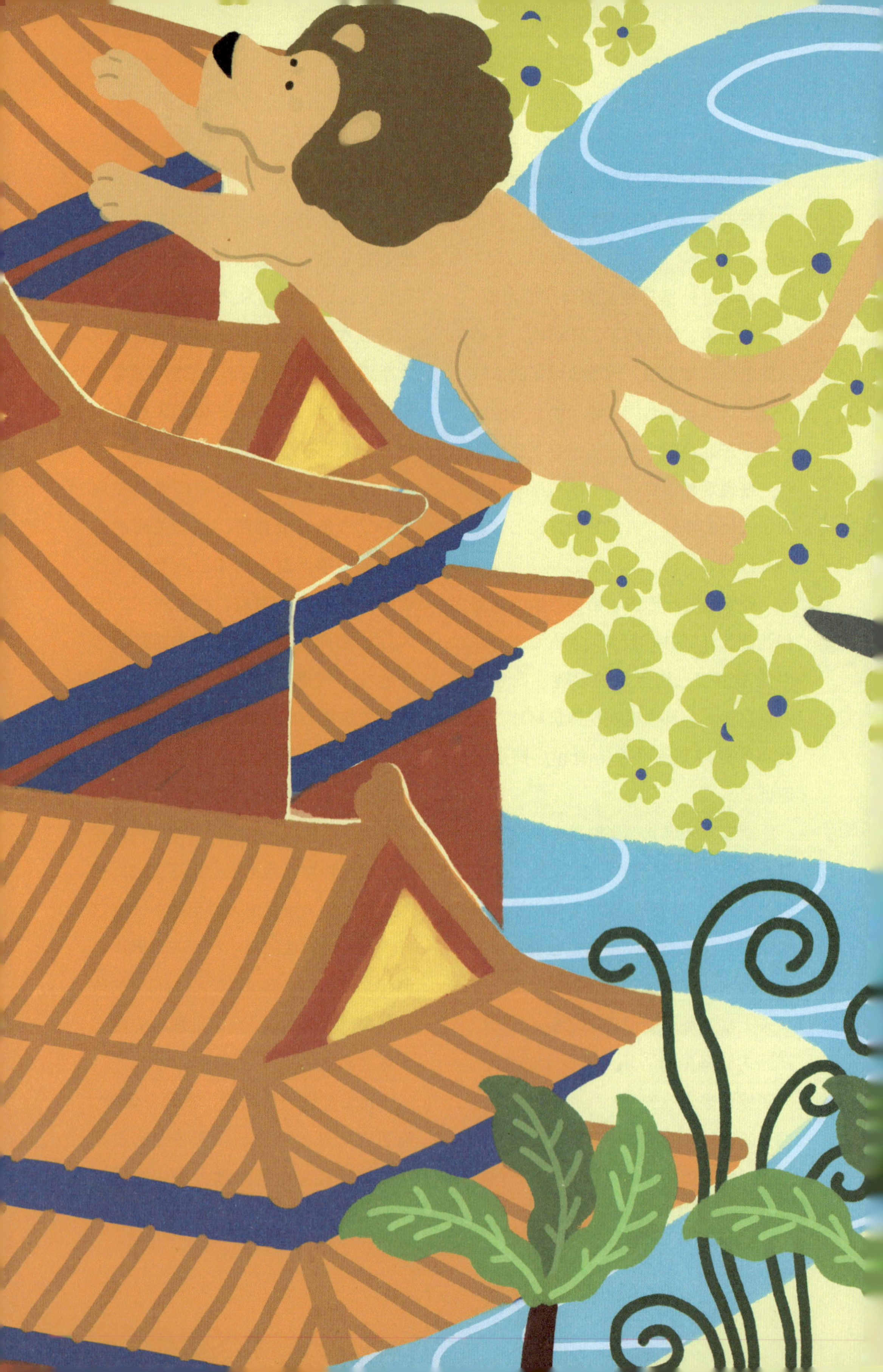

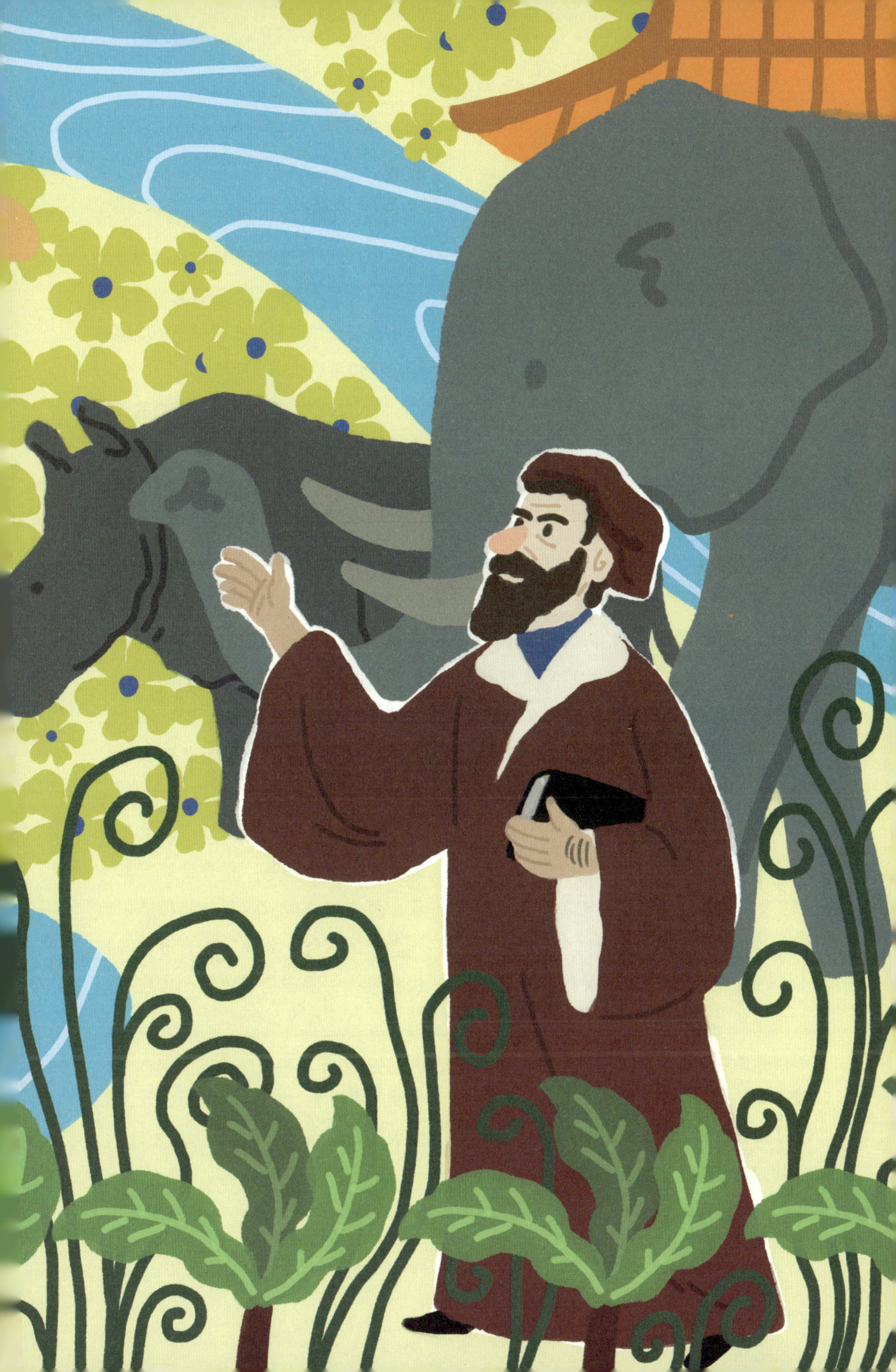

山墓葬群距元上都城址约9千米，属于汉人家族墓葬群，据统计共有墓葬1500余座；一棵树墓葬群距城址约12千米，属普通蒙古人墓葬群，随葬品主要是钱币。

砧子山墓葬群的出土文物尤其丰富。砧子山西区墓地的一座墓葬，虽然被盗过，但仍出土了不少随葬品。其中的"大观通宝"、八思巴文"大元通宝"厌胜钱和金质"天下太平"春钱等尤其罕见。

有意思的是，这些墓葬虽然规格不一，但多数都是西北向的。考古专家认为，这是因为这个方向正对着蒙古国三河河源处的肯特山起辇谷方向——史学界普遍认为成吉思汗陵可能就在那里。

元代时，元上都所在金莲川（内蒙古锡林郭勒盟正蓝旗一带）的气候以温暖、湿润为主，夏季常发生强降水，往往引发山洪，直接威胁元上都。为此，1298年，朝廷专门邀请著名水利专家郭守敬到上都讨论如何建造拦洪坝，也就是现在被称为"草原都江堰"的"铁幡竿渠"。当时郭守敬经过实地勘探提交了设计方案，建议修建50步至70步宽的大渠。可惜的是，主管此事的官员认为没有必要，施工时把宽度缩小了三分之一，导致次年暴雨降临时山洪成灾。尽管如此，铁幡竿渠仍是当时排泄山洪、防御水患、维护都城安全的重要设施，其遗址对研究古代草原都城建设中的御洪系统具有重要价值。

为了应对湿润的气候，城内的建筑在建设时也充分考虑到了这一点。据实地考古调查，在皇城西南角的寺院建筑遗址西墙外，有一排露出地面半米高的木桩，其地下的部分则被削成了锥体。这些木桩应该就是寺庙奠基时为了防止地基下沉，加固地基用的。这种方法在现代的工程建设中仍然很常见。另外，为了排泄皇城城墙城头的积水，城头上还砌有10厘米深、20厘米宽的流水漕，真是考虑得无比周到。

元上都是中国草原城市遗址中规模最大、级别最高、保存最完好的一座，其中既有吸收汉民族特色的以土木为主的宫殿、庙宇，也有遵循游牧民族传统的蒙古包式建筑，体现了草原文化和农耕文化的融合。

2012年，元上都遗址被列入《世界遗产名录》。2021年10月，元上都遗址入选全国"百年百大考古发现"。

延伸阅读

为什么至今仍然没发现成吉思汗陵？

内蒙古自治区鄂尔多斯市伊金霍洛旗草原上有一处国家重点文物保护单位——成吉思汗陵。不过，这座陵墓实际上只是成吉思汗的"衣冠冢"（葬有死者的衣冠等物品、未葬有死者遗体的墓葬）。成吉思汗死后究竟葬在何处，至今仍然是个谜。

成吉思汗建立了那么伟大的功绩，葬身之地却没人知道，甚至连史书上也没有记载，这可真奇怪啊！

是保密工作做得好吗？当然不是。其实，不光是成吉思汗，蒙古各位大汗（包括后来元朝的历任皇帝）的陵墓至今都没发现。这种奇怪的现象和那时候蒙古人的丧葬文化有很大关系。

那时候，蒙古人实行"密葬"。具体的做法是：在草原上选一块地把死者的遗体埋入地下，地面上不起封土、不建陵墓、不立石碑；然后，赶着马群在地面上来回跑动，把土层踏紧、踏实。保险起见，一些重要人物的下葬之地，还要安排专人暗中看护。直到地面上长满杂草，和周围没有任何差别了，看护人才会离开。

这么一来，面对茫无边际的蒙古大草原，找不到他们的陵墓也就不奇怪了。

出土文物展示

◀ 汉白玉浮雕龙纹角柱

元上都遗址中出土了大量的石雕,这些石雕制作精湛,独具匠心,非常引人瞩目。这件汉白玉浮雕龙纹角柱是元上都宫殿代表——大安阁的遗物,高210厘米,宽53厘米,厚52厘米。虽然它已经残缺,但重量也达到了2.8吨。角柱正面与西面对称浮雕了两条五爪腾龙,腾龙的侧方配有牡丹、菊花、荷花、莲藕等图案,象征吉祥富贵。这种雕工细腻、杰出的龙形作品在此前的元代考古中从未见到过,因此被称为"元代第一龙",成为元上都博物馆的镇馆之宝。

琉璃鸱吻 ▶

鸱吻又名螭吻、鸱尾。在中国古代神话传说中,有龙生九子之说,其中的第九子就是它了。早期的鸱吻是鱼尾形的,后来慢慢演变成了龙的形状,被放置在古代建筑的两侧屋脊,张着大口,有"降水灭火"的寓意,为的是保证建筑的安全。这几件琉璃鸱吻嘴巴大张,怒目圆睁,炯炯有神,看上去十分威武。虽然它们已埋在地下700多年,但琉璃色釉依然明艳、闪烁,精美的纹饰和雕刻栩栩如生、活灵活现,让人不得不感慨古代匠人精湛的手艺。

▲ 陶蒺藜

火药是中国的"四大发明"之一。隋唐时，道教的一些术士在炼丹的过程中偶然发明了火药。之后这种威力巨大的发明就被应用于军事上，宋元时期尤为频繁。元上都遗址出土的"陶蒺藜"就是用火药制成的火器。它是陶制的，整体看上去就是一个小口大肚子的陶罐，外面有很多像蒺藜一样的尖刺。陶罐中空，里面装填火药，并接上引线，点燃后扔入敌阵，功能和现代战争中的手榴弹差不多。

八思巴文金银圣旨牌 ▶

这件圣旨牌是金银混合材质的，含金量为58.44%，含银量为41.56%，净重348克，长25.7厘米，宽8.1厘米，厚0.1厘米。它做工比较粗犷，牌面的厚薄也不是很均匀。牌子的上方有一个圆孔，方便穿绳子。圣旨牌的两面共有五行八思巴文（元朝忽必烈时期由国师八思巴创制的蒙古文字）。专家认为，这种圣旨牌可能是元朝将军的身份证明，相当于"工作证"。

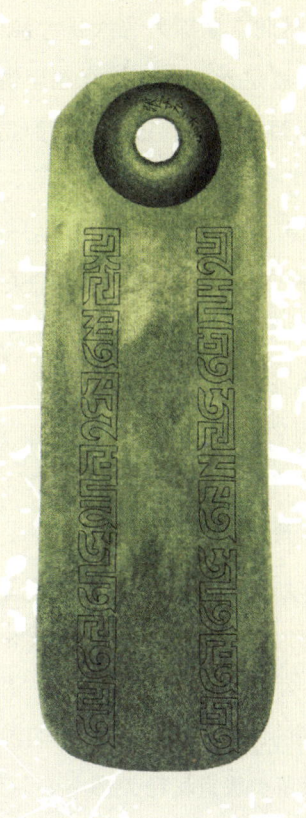

第二部分：
回到历史现场

揭开历史的帷幕

读到这里，有人可能会感到奇怪："我记得北京被称为'六朝古都'，其中之一就是元大都。怎么这里说上都也是元朝都城呢？它和元大都是什么关系？"

如果你了解元朝的特殊制度——"两都巡幸制"，就会明白两者之间的关系了。

"两都巡幸制"，简单地说，就是以大都（今北京）为正式首都，把上都作为"夏都"（相当于陪都）。和之前有些朝代的陪都"徒有其表"不同，元上都的地位可是实打实地重要：元朝皇帝每年的春夏之交都要离开大都，"北巡"上都，在那里待上差不多半年时间，到八九月间才返回大都。去的时候，皇室和大臣们都要随行，只留少数官员在大都办公。

当然，这么不嫌麻烦地两地奔波，并不是因为"闲得发慌"。这一方面是为了避暑，另一方面也是为了表示自己不忘本，要"常回家（大草原）看看"。

另外，元朝的11位皇帝中，有6位都是在上都举行登基仪式的，上都在元朝的重要性可见一斑。

除元朝外，"两都巡幸制"在中国历史上绝无仅有。仅凭这一点，你就能隐约感觉到元朝是个"有个性"的朝代了吧。那么，下面我们就一起来了解一下元朝的历史吧！

细说元朝

1256年春，刘秉忠（因为信奉佛教，所以后来又起了个法名，叫"子聪"）奉忽必烈之命在闪电河一带兴筑新城。经过3年时间，新城终于建成，初名开平府，1263年改名为上都。值得一提的是，元大都也是他设计修建的，这位建筑师实在了得！

从这时开始到1358年上都被焚毁，前后不过短短百年的时间，几乎与元朝存在的时间一致。

元朝的统治时间虽然短暂，但它是中国历史上首次由少数民族建立的大一统王朝，对中国历史来说意义非凡：它结束了唐朝之后长达300多年的分裂局面，初步奠定了中国后来疆域的规模；它建立了行省制度，这种符合中国国情的制度一直沿用到现在；它推崇对外开放，融合了诸多民族，对中华民族大家庭的发展具有重要作用；另外，这一时期，中国的经济获得了较快发展，科学技术也取得了辉煌的成就。

就这样，元朝在中国历史上写下了浓厚的一笔！

大元——蒙古草原上的"雄鹰"

蒙古人的先祖叫"室韦"（蒙古语的音译），本意是"森林"。从这个名字就能大致看出，蒙古人最初是以打鱼和狩猎为生的。

隋唐时，他们生活在嫩江至呼伦贝尔之间的广大地域，先后受到突厥、唐、回鹘等政权的统治。唐宋之交，他们往西迁徙到斡难河（今蒙古国鄂嫩河）流域。这时的蒙古，部落很多，力量也很分散，只能先后臣服于辽和金，忍受其压迫。

金朝末年，国势渐渐衰落，蒙古各部落开始趁机慢慢脱离金的统治。其中的一支乞颜部，其首领孛儿只斤·铁木真（意为"铁之最精者"）有杰出的军事才能，经过多年的战争，彻底统一了散布在蒙古高原上的各个蒙古部落。

1206年，铁木真召集各部落首领在斡难河源头召开"忽里勒台"（蒙古语，意为"大聚会"），各部落一致推举他为"成吉思汗"（蒙古语，意为"海洋"或"强大"）。大蒙古国由此建立，成为一支不容小觑的新生力量，与金、夏、南宋并立。

不过，成吉思汗之所以被后人称为"一代天骄"，可并不是仅仅因为他会打仗。实际上，成吉思汗对蒙古的改造是全方位的。他建立了军事、行政和生产相结合的制度，把蒙古人按编制组织起来，平时生产，战时出征；建立了司法

恩格尔河墓群

2001年，内蒙古锡林郭勒盟苏尼特左旗恩格尔河一带经历了一场大风沙。大风过后，一座古墓葬露出了地面。内蒙古自治区的考古专家们很快对墓葬进行了抢救性发掘，发现这是一处元代墓葬，墓主人是一位中年女性。墓中出土了大量金器、银器、玻璃器、丝织品等文物，极其精美。经专家鉴定，其中的鎏金花卉纹银钵、龙凤纹镂雕金马鞍饰、高足金杯等更是稀世珍宝。专家推测，这些珍宝可能是"黄金家族"（成吉思汗的家族，即乞颜·孛儿只斤氏）的，而这座女性墓应该是附近规模较大的墓群中的一座。

这件掐丝嵌宝石金花饰呈菱花形，整体造型由四组图案构成，每组都以嵌宝石的花饰为主，旁边装饰花叶，非常精美。

掐丝嵌宝石金花饰

机构，还创制了蒙古文字。这些措施比当时北方很多少数民族都先进得多，使蒙古迅速发展壮大起来。

此后，蒙古军队四面出击，不断扩大疆域。强大的蒙古骑兵战斗力超强，势如破竹：1218年，灭西辽；1219年，西征中亚的花剌子模（今乌兹别克斯坦和土库曼斯坦一带），一直进攻到伏尔加河流域；1227年，灭西夏。

成吉思汗去世后，他的儿子窝阔台继承汗位。他按照父亲的既定方针，联合南宋，于1234年灭亡了曾经强盛一时的金朝。1235年，蒙古大将拔都率15万大军西征，一直攻打到东欧腹地。

窝阔台有句名言："人生一半是为了享乐，一半是为了英名。"灭金之后，

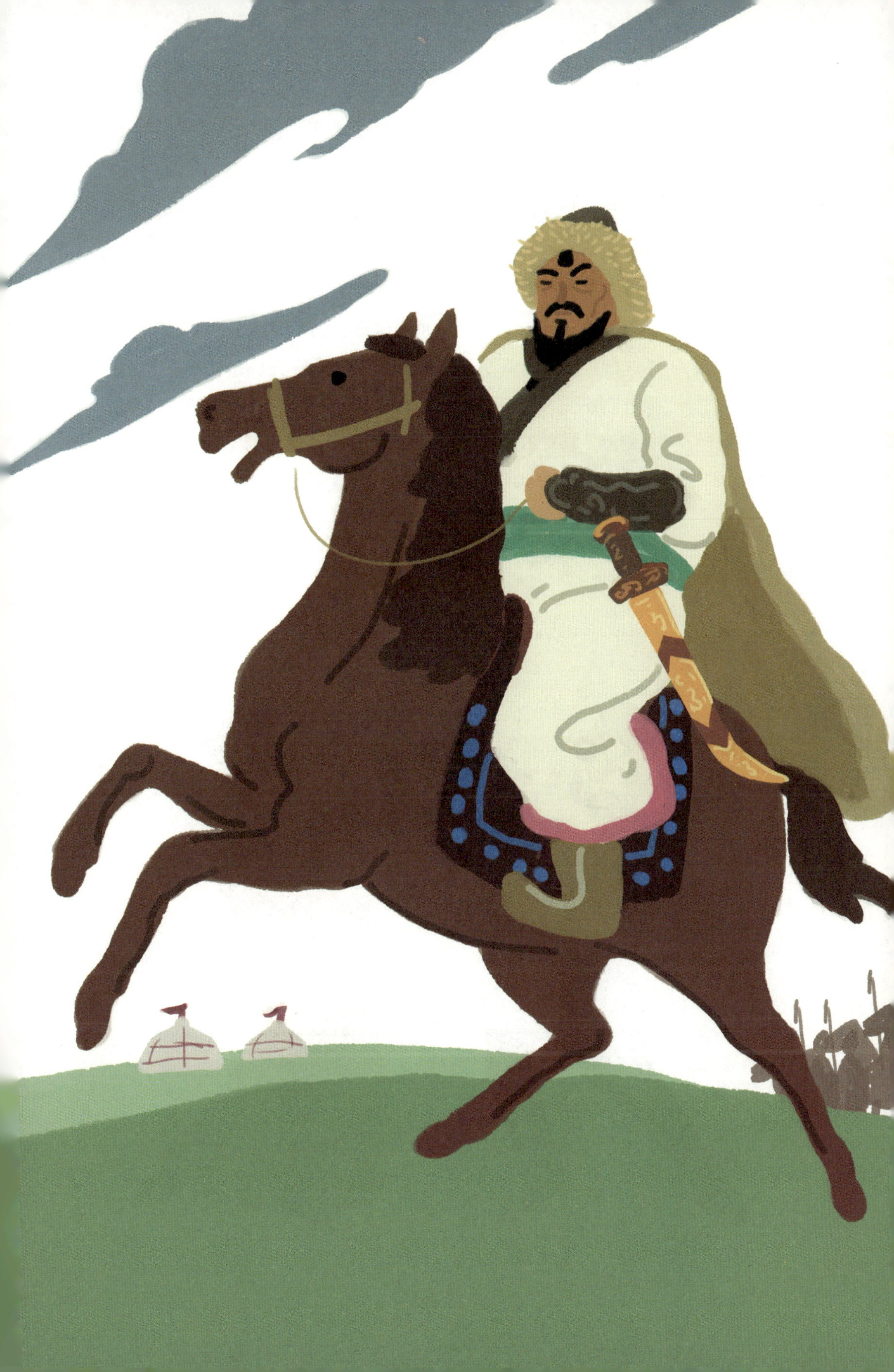

他开始尽情享受。

窝阔台的第二大爱好是打猎和欣赏歌舞，最大的爱好则是喝酒，经常喝得大醉。贤臣耶律楚材多次劝诫，都不起作用。有一次，耶律楚材拿着一个铁制的酒槽对他说："铁这么坚硬，被酒浸泡的时间久了，也裂了口子。人的五脏六腑远不如铁，老是喝酒，哪有不损伤的道理呢？"窝阔台当时虽表示悔悟，但回过头来照样积习难改。

1241年，窝阔台终于因为饮酒过度而死。这时，蒙古军队已经攻克了马札儿（今匈牙利）的都城佩斯（今布达佩斯）。听闻大汗的死讯，大军只好回师。

此后，元朝于1246年招降了吐蕃，1254年攻灭大理国，紧接着又大举进攻南宋。1259年，蒙古大汗蒙哥在攻打合州时意外身死。

蒙哥死得实在突然，连继承人也没来得及指定。按照当时的规定，新的大汗应该由蒙古贵族组成的忽里勒台选举产生，选举的主要参考指标就是军功。虽然名义上成吉思汗的子孙都有机会当选，但实际上，当时有希望胜出的只有三个人，分别是蒙哥的嫡子玉龙答失，以及蒙哥的两个弟弟忽必烈和旭烈兀。

"我爸爸是前任大汗"，这是玉龙答失的天然优势，但可惜的是，这也是他的唯一优势。他当时太年轻（只有20岁上下），没什么军功，也没靠谱的"朋友圈"，因此首先被排除在外。

忽必烈和旭烈兀常年在外打仗，军功都不小，按说新大汗应该从他们中间产生。实际上，他们俩也是这么想的。所以一接到蒙哥死亡的消息，两人都立刻放下手里的工作（忽必烈在攻打南宋，旭烈兀在攻打西亚的叙利亚），急急忙忙往回赶，等待忽里勒台的确认。

在这种情况下，无疑谁先回到国都，胜算就会高一筹。不过，旭烈兀带兵西征跑得实在太远了，接到消息比忽必烈晚得多。忽必烈也意识到了这个对自己有利的时间差，认为自己胜算很大。

可就在这时候，一个出人意料的

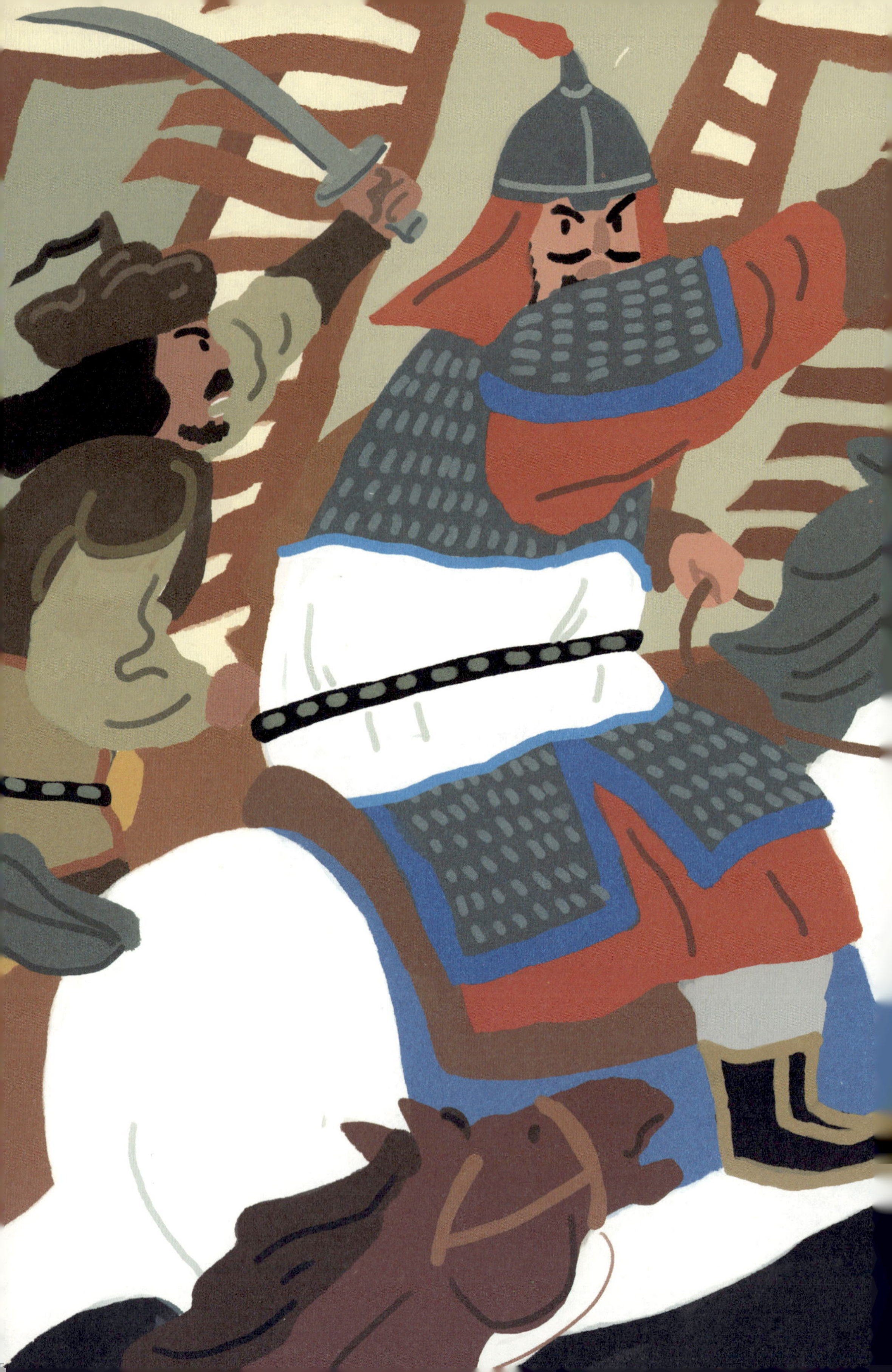

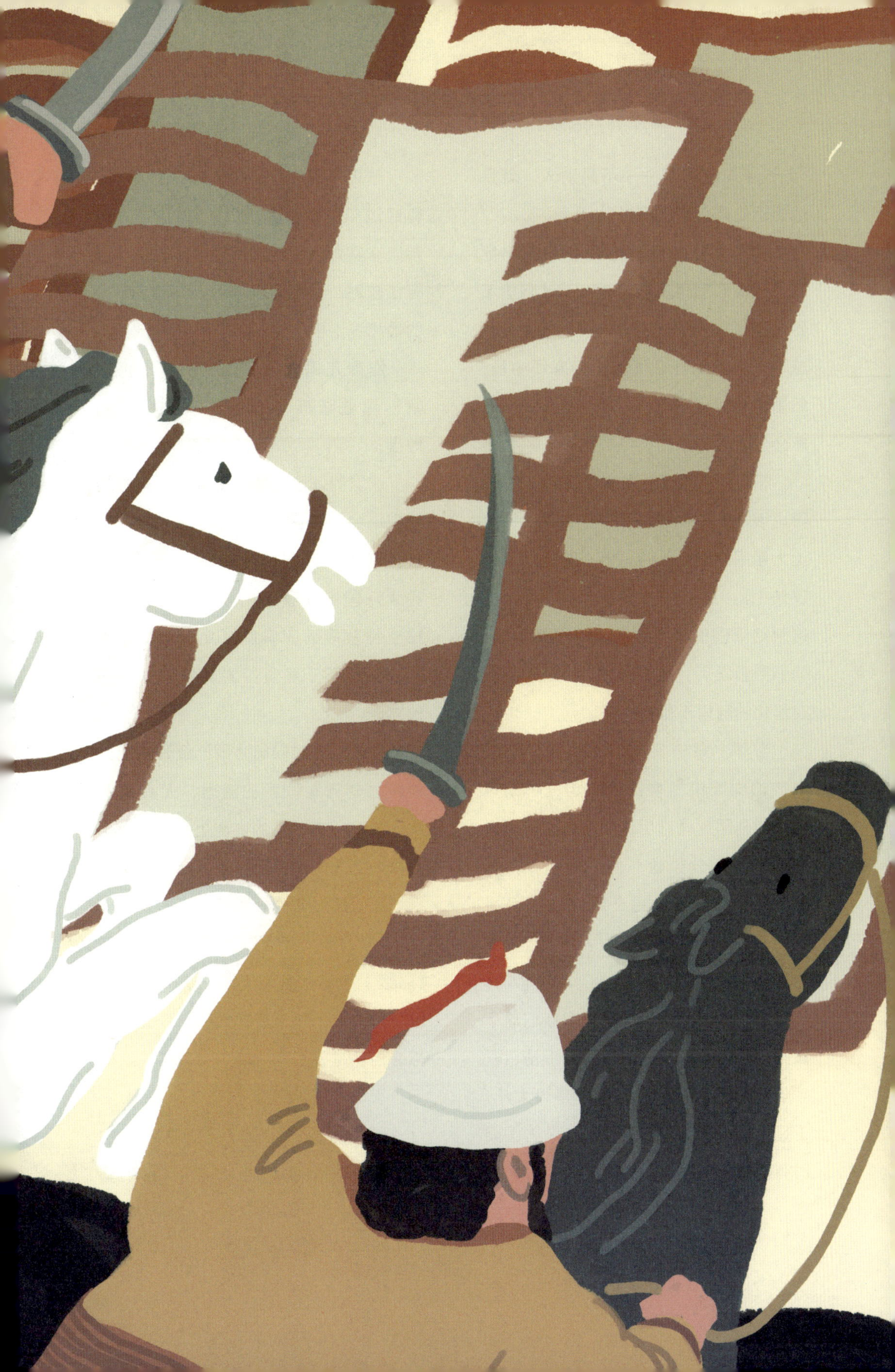

"新选手"出现了——不是别人，就是他们俩的弟弟阿里不哥。

蒙哥大汗和自己的两个弟弟出征时，考虑到家里不能没人，就让阿里不哥做监国，和玉龙答失一起守着国都。这本来算不上什么优势，但麻烦的是，忽里勒台的成员们——蒙古贵族——对忽必烈有看法。

忽必烈受汉文化的影响很深，表现得也很明显。他在自己带兵攻下的地盘上大量采用之前汉族政权的制度（"行汉法"），身边的很多帮手都是汉人，这就给顽固的蒙古贵族留下了坏印象。他们商量之后，打算推举没啥战功但反对汉化的阿里不哥当大汗。

当然，蒙古贵族们也很忌惮忽必烈，怕他闻讯闹事，便决定先不动声色，等他回到国都后逼他就范。可忽必烈的消息十分灵通，他见势不妙，就抢先于1260年3月在新修建的开平城（后来的上都）自立为大汗，建立了朝廷。

正在打如意算盘的蒙古贵族们这下被弄了个措手不及，只好也仓促地召开忽里勒台，宣布拥立阿里不哥为大汗。于是，尴尬的局面出现了——蒙古国同时有两个大汗！

忽必烈继位虽然程序上不合法（没有经过忽里勒台确认，是自封的），无奈人家实力强，经过短短4年的争斗便轻松获胜，幽禁阿里不哥，夺得了蒙古的最高统治权。

旭烈兀见大局已定，决定不再东归，留驻波斯专心经营自己打下的地盘。

这次的汗位之争直接导致了蒙古的分裂。金帐汗国（又称钦察汗国）、察合台汗国、窝阔台汗国、伊儿汗国这四大汗国不同意汉化，加之它们本来独立性就很强，只是名义上服从蒙古大汗，这下干脆直接脱离蒙古，宣布独立。

不过，这时候忽必烈已经开始把主要精力转向对国家的治理，尤其是对汉、蒙等民族关系的协调上，再加上与四大汗国之间也并无你死我活的竞争关系，所以就对这种分裂听之任之了。

1271年，喜爱汉文化的忽必烈取《易经》中"大哉乾元"之义，正式改国号为大元，次年定都大都（今北京），忽必烈就是元世祖。此后，元军再次南下，于1279年彻底灭亡了南宋。

元朝的统一结束了自唐末以来的分裂和战乱局面，意义非凡。它的疆域东起日本海，南抵南海，西至天山，北面包括贝加尔湖，总面积达到惊人的1400万平方千米。无怪乎后人感叹："汉唐极盛之时不及也！"（《元史》）

由于疆域空前辽阔，边疆的很多少数民族，甚至波斯人、阿拉伯人，大量迁入中原和江南。他们和汉族人住在一起，互相影响，互通婚姻，慢慢形成了一个新的民族——回族。

正因为民族成分复杂，元朝对宗教信仰采取比较开放的态度，除了被称为"世界三大宗教"的佛教、伊斯兰教、基督教外，中国本土的道教和蒙古族的原始宗教萨满教也都拥有大批信众。

迦陵频迦金帽顶

帽顶是元代蒙古贵族的帽饰。这件帽顶高4.1厘米，直径为4.5厘米，出土于内蒙古乌兰察布市化德县。上面的图案是镂空浮雕式的，既有萨满教元素，又有佛教元素，体现了元朝在宗教信仰上的开放态度。

元朝的短暂统治

元世祖本人倾慕汉文化,《全元诗》中收录的第一首诗就是他的《陟玩春山纪兴》,可见其文化造诣不低。他统一天下后,开始大规模地采用汉法,推行汉化政策。

他在朝廷设置"中书省",总管全国的政务;在地方上,把今山东、山西和河北称为"腹里"(顾名思义,就是说这些地方相当于人体的五脏六腑,非常重要),由中书省直接管理,其他地方(除了吐蕃、畏兀儿地区)则设置了10个"行中书省",简称行省,由中央委派官员去管理。

之前各个朝代的制度,经常出现互相拉扯的局面:要么中央权力过大,导致"强干弱枝",比如北宋;要么地方权力过大,导致分裂割据,比如唐朝的藩镇割据。行省这种创新性的制度,比较好地保持了中央与地方权力的平衡——既保证了中央对地方的有效控制,又把权力适当下放给地方,让地方上拥有一定的自由度,非常适合地大物博又有向心力的中国。因此,行省制度被明清两代继承,一直沿用到今天。

常言说得好,"经济基础决定上层建筑",要想真正汉化,只在政治制度上进行改革显然行不通。元世祖很清楚

这一点，因此非常重视发展农业生产。

元朝入主中原后，很多蒙古人对汉族的生活方式感到很不适应。大都的蒙古贵族不愿意住宫殿，于是就像在蒙古高原上生活一样，又搭起了帐篷。各地的蒙古贵族纷纷进行"圈地运动"，把农民从土地上赶走，把农田改为牧场，放羊放马。

元世祖下令禁止"圈地运动"，大规模兴修水利，这才让农业生产慢慢恢复，稳住了国家的根基，元朝初步呈现出繁荣局面。后世按照惯例，根据当时的年号"至元"，把这段时间称为"至元之治"。

和几乎所有帝王一样，元世祖也热衷于开疆拓土。他在整顿国家的同时，毫不停歇地对邻近诸国发动了一系列战争。

他先是两次出兵攻打日本，结果造化弄人，两次都在海上遭遇飓风，第一次无功而还，第二次几乎全军覆没。紧接着，元军又进攻占城（今越南中部）和安南（今越南北部），结果连续作战很多年都没能成功。再加上当地气候湿热，瘟疫流行，元军被迫撤回。

此外，元军还两次出兵攻打缅甸的

蒲甘王朝,甚至渡海攻打爪哇岛,都未能取胜。

要知道,出兵打仗,可不是一个人骑一匹马、提一把刀就可以完成的事儿,而是需要国家大量财力、物力、人力支持的。连年的战争,给元朝的财政造成了巨大的压力。

怎么保证朝廷收支平衡呢?朝廷里出现了两种不同的意见:以许衡为首的"儒臣派"主张节流,以阿合马为首的"理财派"则主张开源。不过,"理财派"的开源思路却有些跑偏——他们认为南人(原南宋统治区域内的汉人)藏有大量财物,应该加以搜检、没收,以解决财政问题。

最终,"理财派"的观点占了上风,朝廷开始实行严酷的税收政策,大肆搜刮百姓,激起了强烈的反抗。

上海元代水闸遗址

2001年5月,上海市普陀区的一处旧小区在改造时,打桩机从地下7米处取到了一个不寻常的样本——两块由铁锭榫连在一起的古老青石板。考古专家对地下进行了发掘,结果发现了一处面积约1500平方米的元代水闸遗址。水闸遗址呈对称的"八"字形,以青石闸门为中心,底部的过水石面由一块块长方形的青石板铺成,下面依次为衬石木板、木梁、木桩,做工精细,体现了很高的营造水平。

经专家确认,这是元代为了治理吴淞江(今苏州河)而建造的6座水闸之一,是目前发现的规模最大、做工最好、保存最完整的元代水闸。

这处遗址经过5年的发掘,2006年才展示出全貌,被评为2006年度"中国十大考古新发现"之一。为了完整保留并展示这处遗址,上海市在原地建造了上海元代水闸遗址博物馆,供游人参观。

1294年，元世祖去世，继位的元成宗还算有作为，基本维持了稳定的局面。可1307年元成宗去世之后，元朝的皇位更替经历了中国历史上前所未有的混乱局面！

元朝的王位继承制度十分混乱，标准不一，新皇帝上位差不多都要经历一番宫廷内斗。另外，元朝皇帝同时也是蒙古大汗，身兼两职，也导致了越来越多的矛盾，使皇位的争夺更加复杂化。

元朝历任皇帝都大力推行汉化政策，尤其是元仁宗和元英宗。元英宗的汉化新政涉及范围广，措施激进，甚至一度出现了穿汉服祭祖的事。虽然这使元朝国势大有起色，却也招来了以上都为根据地的守旧派的极力反对。1323年，守旧派趁元英宗到上都避暑，在上都以南15千米处一个名叫南坡的地方，刺杀了他和宰相等人，史称"南坡之变"。

"南坡之变"成为元朝由盛转衰的转折点。此后，元朝的权力争斗更是进入了白热化阶段。

从1307年元成宗去世到1333年元朝最后一位皇帝元惠宗继位，前后25年时间，元朝先后迎立了8位皇帝，平均在位时间只有3年多！

元朝作为一个少数民族入主中原，

四等人制是元朝统治者实行的民族歧视政策。蒙古人被列为第一等级，然后根据征服的时间顺序，依次分为色目人、汉人、南人三个等级。四等人在任职、科举、刑律等方面均有不同的待遇。

南人（大体指原南宋统治下的汉族人）

汉人（淮河以北原金朝境内的各族人民，以及四川、云南两省的人，不仅有汉人，还有女真人、契丹人）

色目人（党项人，畏兀儿人及其以西诸族出身的人）

蒙古人

国内的民族成分又极其复杂，再加上疆域前所未有的辽阔，"离心力"本就很强。现在，最高统治者皇帝又像走马灯一样换来换去，可以想象，发展下去将是怎样一种局面。

就这样，慢慢地，元朝逐渐走向了崩溃的边缘。

元末昏政与退出中原

1333年，元朝最后一位皇帝元惠宗继位。即位两年之后，他就把年号改成了"至元"（没错，就是"至元之治"的那个至元），以表示向至元之治看齐、重振元朝的雄心壮志。

可理想是美好的，现实是残酷的。元惠宗很快发现，很多事情其实自己说了不算。说话有分量的是谁呢？丞相伯颜。伯颜把持朝政，他的官衔仅名字加起来就多达246字，当时甚至有"天下之人唯知有伯颜而已"的说法。

元惠帝恍然大悟："闹了半天，我是个傀儡皇帝啊！"他觉得如果任由伯颜折腾，局面将变得不可收拾，自己恐怕也要倒霉，因此天天寝食难安。这时，元末最重要的人物脱脱帖木儿出现了！

脱脱是伯颜的侄子。虽然有这层亲戚关系，但他对反对汉化、倒行逆施的伯颜非常反感。他大义灭亲，帮助元惠宗用计罢黜了伯颜，自己当上了丞相。

元惠宗对脱脱非常信任，在他的支持下，从1341年开始，脱脱针对元朝积累已久的弊病进行了大刀阔斧的改革：整治腐败；恢复科举制度，提高汉族文人的地位；免除百姓拖欠的各种税收。元朝之前对汉人有很多的限制，这时都陆续放宽。这次改革被称为"脱脱更化"。

说起来，脱脱实在是个全才。按照惯例，一个新朝代建立之后，都会为前朝编纂官方的史书。这样一来可吸收前朝灭亡的教训，二来表示自己取代对方、统治天下的合法性。可元朝建立后，朝政长期不稳，这件事情一直没能付诸实施。

脱脱当政后，对这件事很重视。他

在抓政治、经济的同时，也不忘抓文化建设，亲自主持编写《宋史》《金史》《辽史》，填补了这一空白。毫不夸张地说，如果不是脱脱，元朝很可能成为"唯一没能为前朝修史的朝代"，沦为笑柄。

这三部史书的篇幅都不小。《辽史》约有50万字，《金史》约有100万字，《宋史》更是约有500万字，是"二十四史"中最长的一部。可这么多工作，脱脱前后只花了两三年时间就彻底搞定，能力之强实在令人佩服。

脱脱的改革措施绝大多数都获得了显著成效。元朝在短短三四年间焕然一新，出现了几十年来少有的生机和活力，国内生产和海外贸易都非常兴盛。元惠宗见复兴有望，喜笑颜开，更加努力读书，注意节俭，准备"百尺竿头，更进一步"。

不知道是不是因为太过劳累，1344年，脱脱竟然病倒了，而且病势日益加重。于是，脱脱打算隐退，上奏章请求辞去相位，但被元惠宗拒绝了。可脱脱连上了十七次奏章，元惠宗没办法，只好同意。

没想到，脱脱辞官后，大好局面竟然急转直下。他刚辞官就连下了20多天的暴雨，黄河不断决口，京畿的山东、河北一带水患非常严重。水患引起

福建漳州圣杯屿元代沉船

2010年10月，台风"鲇鱼"在福建省漳州市古雷半岛附近海域登陆，吹翻了当地渔民的养殖箱。台风过后，潜水员下海打捞养殖箱时，意外发现了一些散落的瓷器。此后，考古专家经过详细的水下勘察，确定这些瓷器来自圣杯屿海域，是元代一艘满载龙泉窑瓷器的海船沉没后留下的。经过水下考古发掘，出水了大量珍贵文物。

这件龙泉大盘就是其中之一。它的口径非常大，足有35厘米，内壁刻划一圈印花草叶纹。根据同时发现的一些瓷器碎片可以推知，同批瓷器中有口径达60厘米的超大型瓷器！专家推测，这是为了满足西亚某些地区围坐成一圈吃饭的习俗而特意制作的外销瓷器。

龙泉刻花大盘

了一系列连锁反应：先是农民活不下去，到处流浪，成为游民，不时起来造反；后来一些少数民族也开始起义。

这么折腾了四五年后，元惠宗没办法，只好请脱脱再次出山。这时候元朝已经病入膏肓，脱脱反复权衡，最后决定下两剂药——开河和变钞。

开河，就是治理黄河，为的是根本解决民生问题。变钞，就是改革币制，为的是快速聚集财富，为开河筹集资金。操作办法也很简单，就是多印钱。因为元朝主要使用纸币，印钱成本不高，却能直接拿来买东西，是最快捷的方法。

脱脱也知道开河耗费巨大，变钞更

至元通行宝钞

至元通行宝钞是元代使用时间最长的一种纸币,用桑皮纸制成。除了面值(贰贯)、制作时间、制作机构等,宝钞上面还有"伪造者处死"之类的警告语。这件宝钞的面值为"贰贯",相当于两千文铜钱。

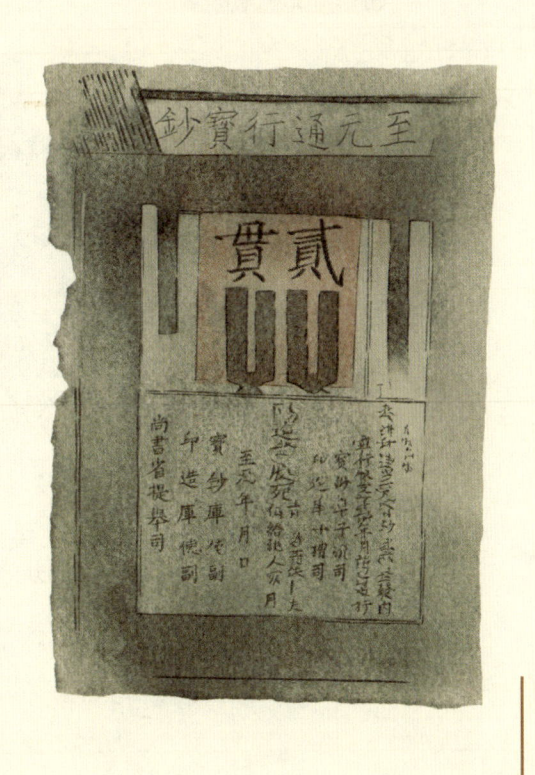

会让"钱不值钱"、民怨沸腾,但面对千疮百孔、摇摇欲坠的元朝,他已经没有别的选择。

变钞实施之后,果然物价飞涨,老百姓没办法,干脆不用钱,直接用东西换东西。

1351年,工部尚书贾鲁征发15万百姓、2万士兵开始治河。官吏们趁机盘剥百姓,导致了大规模的起义。

当时民间有个名叫白莲教的宗教组织,其首领韩山童和教友刘福通先是散布民谣"石人一只眼,挑动黄河天下反",又暗地里凿了一个独眼的石人,埋在即将开挖的黄河河道上。石人很快便被挖出,人们惊诧不已,都觉得造反是顺应天意的事。

莲花形玻璃托盏

1972年8月,甘肃省定西市连降暴雨,导致漳河水泛滥。洪水退去后,当地村民发现漳河两岸被冲塌的山坡上出现了大量古老的砖石和棺木。经过发掘,考古专家确定,这里是蒙古大臣汪世显的家族墓地。汪世显本是金国大臣,蒙古灭金后投降蒙古,后来又带兵攻打南宋。考古专家在此处先后发掘出29座墓,出土了700多件珍贵的文物。

这件莲花形玻璃托盏是用蓝色玻璃制成的,造型是莲花,盏的口径为9厘米左右,盏托的口径为15厘米左右。这件珍品色彩艳丽,工艺精湛,是迄今出土的最完整的一套元代玻璃托盏。

汪氏墓群是中国保存完整而且比较少有的元代家族墓群,是国家级文物保护单位。

韩山童和刘福通趁机发动起义,他们假称韩山童是宋徽宗的八世孙,打起了恢复宋朝天下的旗号。起义军头缠红巾,被称为红巾军。他们不断击败来镇压的元军,很快发展到十几万人。

1351年年底,治河工程终于完成,而红巾军也已经形成燎原之势。在各地元军作战不利的情况下,脱脱亲率大军出征,竟然连破红巾军,再次靠一己之力稳住了局面。

这时候,元惠宗却犯起了糊涂。大概是伯颜专政给他造成的伤害过深,杯弓蛇影的他担心脱脱功劳太大,会成为第二个伯颜,于是在谗臣的鼓动下,决定收回脱脱的兵权。

脱脱这时正率领元军在江苏高邮围攻另一拨以张士诚为首的起义军,接到命令后,忠心耿耿的他只好交出兵权。失去主心骨的元军顿时乱作一团,很快被起义军击溃,红巾军再次壮大起来。

延伸阅读

蒙古军队的战斗力为什么这么强？

　　蒙古军队之所以无往不胜，主要原因有三个。第一，蒙古是"马上的民族"，骑马、射箭这些在别的民族来说需要专门进行训练的战斗技能，对蒙古人来说却是名副其实的"家常便饭"，具有天然优势。第二，蒙古人主要吃牛羊肉，且军队出征时往往带着母马等牲畜同行，渴了喝马奶，饿了宰杀牲畜做口粮，完美地解决了军队的补给问题。第三，蒙古军队的武器装备也十分精良，重弓、铁甲很常见，一些军队甚至还有"炮兵团"，装备有石弹投石机、大弩炮等先进装备。蒙古军队还改进了唐宋时期的简易火器"突火枪"，用金属筒取代竹筒作为枪管，发明了威力更大的火铳。

　　1356年，脱脱被奸臣谋害。

　　才能超群的脱脱使出浑身解数，也未能挽救行将败亡的大元王朝。他的死加速了元朝的灭亡。

　　此后，元朝朝廷彻底失去了对天下的控制，天下陷入各路起义军混战的局面。1368年，出身于红巾军的朱元璋称帝，建立明朝，并派兵攻下元大都。元惠宗没有抵抗，带领皇太子、后妃及一百多名大臣向北逃回老根据地上都，元朝就此结束了自己对中国的统治。

　　有趣的是，此后朱元璋认为元惠宗不做抵抗是顺天应命，就给了他一个谥号——顺帝。时间长了，"元顺帝"这个叫法反而比"元惠宗"更流行了。

　　元朝退出中原后，仍然使用"大元"的国号，史称"北元"。后来经过明朝的不断打击，1402年北元彻底灭亡。

元朝人有话说

讲述人
姓名 小乙（衣）
身份 元大都蒙古人

> 大都蒙古人的服饰保存了很多民族特色。蒙古人穿的主要是一种"辫线袍"，就是短一点儿的长袍。它的主要特点是右衽、交领、窄袖，袍下摆宽大，腰部紧束，腰间缀有很多辫线。穿这种衣服，上马下马很方便。有地位的蒙古人特别喜欢穿的"质孙服"形制和它很像，但多由一种用金线织成的衣料"纳石失"制成，还会缀以珠宝。
>
> 有地位的蒙古妇女穿的袍子非常大、非常长，走起路来很不方便，听说经常需要婢女在后面帮她们拉着袍子角才行。这也太夸张了！
>
> 蒙古妇女们还喜欢戴一种高高长长、看起来很奇怪的帽子，叫作"罟（gǔ）罟冠"或"姑姑冠"。据说刚开始大家戴它只是为了防风保暖，并没有那么高，后来大家为了显示自己的身份和经济实力，不断往上面加装饰，就变成了现在这种样子！

罟罟冠

在《元世祖后画像》中，元世祖后戴的就是罟罟冠。这种冠内层由竹条编成，外面裹着一层织物，是比较常见的蒙古妇女的帽子。

讲述人

姓名 小史（食）
身份 元世祖御厨

　　和之前的人相比，我们食物里的肉和奶明显增多了，还出现了一种很受欢迎的奶制品——冰酪。

　　最开始，人们是为了给牛奶保鲜才往里面加冰，将其做成"奶冰"的。后来，有人不断往里面加蜜饯、水果、珍珠粉之类的佐料，就成了"冰酪"。冰酪不但颜色鲜艳，而且吃起来冰凉、爽口，味道奇佳。怎么样，是不是感觉有点儿似曾相识呢？哈哈，没错，这就是早期的冰激凌啊！

　　皇室为了独享这种美味，对制作方法严格保密，后来才慢慢流传到民间，老百姓也能吃得到了。相传，是马可·波罗来大都旅行时把这种美食的制法带回了欧洲。欧洲人不断创新工艺，才制造出了更加美味的新型冰激凌。

讲述人

姓名 小祝（住）
身份 元大都砖塔儿胡同房主

　　现在城市里的流动人口可比之前多太多了，他们有的在做生意，有的在会朋友，有的则在四处游历。尤其是大都，吸引了很多南方人。

　　因为流动人口多，所以租房的情况非常普遍。户部员外郎胡祗遹胡大人之前没做大官的时候爱四处旅游，经常到处租房子，还写了很多有关租房的诗。他在《十月十六日移居新都》里说自己"侨寓移居第四迁"，连搬四次家，可真是够折腾人的！

　　房屋所在地不同，屋况有好有坏，所以房租差别也很大。在一些小地方，有时候租房也可以不交钱，而是直接用粮食代替。当然，我们这时租房也要签租房合同，不仅会写明房屋里的配置，还会说明双方责任等。这些都和你们现代的情况差不多！

讲述人	姓名	小兴（行）
	身份	元榆林站赤提领官

　　大元的疆域实在太辽阔，为了方便传递消息，朝廷很重视驿站建设，以国都为中心，建立了四通八达的"站赤"（也就是驿站）网。

　　为了传递"急件"，还在驿道上每隔一段距离设置了"急递铺"。"急递铺"里的铺卒（相当于你们常说的"快递小哥"）接到急件后会立刻带上"身份证"——急递铺令牌——骑快马日夜兼程地赶往下一个急递铺，如接力赛似的一直传下去，直到到达目的地。为了防止闲杂人等挡路，铺卒还会在腰间挂上铃铛，其作用相当于现代警车或消防车上的警报，这样前面的人一听到声音就会提前把路让出来。

　　"急递铺"送快递的速度超级快，一般要求每天（一昼夜）要走400～500里，特别着急的可以达到800里！因为速度快，有时候皇帝或者妃子们想吃外地的新鲜时令水果，也会让铺卒们顺带捎一些。

元代急递铺令牌（收藏于上海邮政博物馆）

讲述人

姓名 小永（用）
身份 元上都蒙古牧民

听说很多汉人用点香来计算时间，就是把香料捣成粉末，调匀后做成相同规格的"连笔"的字形、图案或花样，一般多做成篆文"心"字形状的香，点燃后循序燃尽以计时。

不过，对我们蒙古人来说，却不用那么麻烦。我们不用额外制作计时工具，因为我们住的蒙古包就是一个大型计时器！

你看，蒙古包顶上有"陶脑"（天窗）。每天不同时候，阳光从陶脑射进蒙古包的角度都不同，因此会落在"乌尼"（蒙古包顶上的支架，相当于房屋的椽子）和"哈那"（蒙古包外围起支撑作用的木条）的不同位置上。我们通过观察阳光照射的位置，就知道什么时候该做饭了，什么时候该给牲口挤奶了，什么时候该把牛羊赶出栏了，非常方便。

这种"蒙古包计时法"和日晷的原理差不多。一直到现代，一些蒙古族的人还在使用这种计时法。

蒙古包结构示意图

讲述人	
姓名	小宛（玩）
身份	元大都西山游人

我们很懂得享受生活，前人的各种娱乐活动基本上都被我们继承下来了，比如打秋千、蹴鞠、斗鸡、斗草、摔跤，等等。我们还特别喜欢一种叫"捶丸"的运动。

"捶丸"来源于唐代的步打球。步打球和现代的曲棍球差不多，都是两队人争相用长球杆把球打进对方的球门，对抗性还挺强的。不过发展到现在，玩法变了很多：由争相击球变成了轮流击球，球门也变成了球穴，名称变成了"捶丸"。总体来说，"捶丸"和现代风靡的高尔夫球比较相似。

上到皇帝、大臣，下到平民百姓，大家都热衷于"捶丸"。有人甚至还写了一本《丸经》，对"捶丸"的规则、技巧、方法、器具等记述得非常详细。

捶丸图 这幅图是根据山西省洪洞县广胜寺水神庙元代壁画改绘的，生动地描绘了元代"捶丸"的场面。最左边那个身穿红衣的人正在俯身击球，右边身穿红衣的人正紧张地注视着地上的球穴，其余两个人则相当于"球童"。这是元代民间"捶丸"的真实反映。

第三部分：
中国钱币文化

我们现代人的生活，几乎一天也离不开钱币。钱币有不同的面值、不同的材质，上面的图案丰富多彩，防伪技术更是紧跟最新科技的发展步伐。

那么，钱币是什么时候产生的？从古到今经历过哪些变化？又有哪些不为人知的文化？现在我们就来了解一下钱币的"前世今生"吧！

为方便物品交换，我来了

现代人离开钱币，很快就会寸步难行，但实际上人类在诞生之后的很长一段时间里是没有钱币的。原因很简单：钱币主要是用来买卖东西的，可在漫长的原始社会，人类每天的主要工作不过是勉强维持生存——填饱肚子、不被冻着、不被野兽伤害。东西自己用都不够，当然没有多余的用来交换，也就用不着钱币了。

到原始社会后期，随着生产力提高，人们开始有了"剩余产品"，就有了拿自己的"剩余产品"和别人换东西的想法。

比如，A 部落的人擅长耕种，粮食产量高，吃不完，可他们不大会做陶器，平时打水都没合适的工具。而附近的 B 部落情况正好相反：他们做陶器做得又快又好，可偏偏土地质量差，生产的粮食老是不够吃。两个部落于是就用多余的粮食和陶器进行交换，实现了双赢。

后来，随着加入这种"以物换物"交易的人越来越多，人们发现这种交易方式很不方便。比如 A 的羊多，缺弓箭；B 虽然弓箭多，但不缺羊，只喜欢吃鱼；C 是个捕鱼能手，平时总吃鱼，就想换换口味，吃顿烤全羊，可他又不需要 B 的弓箭。

如果他们离得近，还可以凑在一块儿解决问题；如果彼此相距太远，只能两两交易，那就都没法儿换到自己需要的东西了。

有没有什么好的解决办法呢？人们绞尽脑汁，终于有了新发现：除了前面提到的那些东西，还有一种东西是大家都想要但只有遥远的大海边才有的，那就是贝壳。

既然这样，把多余的东西统一换成贝壳这种抢手货，拿着到手的贝壳不就可以换自己想要的任何东西了吗？问题终于解决了！

后来，一种比较小、便于携带、外表光洁美观、个头儿比较一致的齿贝脱颖而出，成为大家最喜欢也最流行的原始钱币。"贝"也慢慢成为财富的象征，以至于后来很多与钱有关的字都以"贝"字作为偏旁，如财、贩、购、赚、账、贿、贵、资、贷等。

以物易物

贝币最初是一个一个使用的，后来随着交易量增加，开始穿成串使用：五贝为一串，两串是一"朋"。在甲骨文中，"朋"字的造型就是穿在一起的两串贝币哟！

先秦贝币

过了一段时间，人们采集海贝的技术提高，贝变得越来越常见。于是，铜、金、银等金属开始取代贝成为"硬通货"，成了大家交换东西时的首选对象，并出现了用金属制造的真正意义上的钱币。

不过，在春秋战国以前，由于交通不方便，人们的社交圈子有限，再加上专门做生意的商人不多，所以以物易物还是最主要的交易方式，钱币只处于辅助的地位，并不那么重要。

变变变，看我七十二变

在大部分人的印象中，古代钱币几乎都是圆形方孔钱。其实不然，在商、周初期，金属钱币的样子可谓五花八门！有铲子形的铲币，有外形像刀的刀币，还有和贝壳的样子差不多但所刻图案像五官的"鬼脸钱"（因为个头儿小，又叫"蚁鼻钱"）。这些钱币在不同的国家流通，促进了当时商业的发展。

现代钱币统一由国家发行，是一件很严肃的事。可在秦朝之后的相当长一段时间里，人们只觉得钱币重要，至于钱是谁造的，则并不太在意。中央政府可以铸钱，诸侯国也可以铸钱。说起来你可能不信，私人也可以铸钱！汉高祖和汉文帝在位时都明确下令，允许老百姓自己铸钱。

原因在于，当时钱币所含的铜等贵金属的分量才是人们关注的重点。只要

战国时楚国的"蚁鼻钱"

公元前221年，秦始皇统一全国后觉得钱币这么乱，实在不好管理，也不好用，就下令以后全天下都使用秦国的圆形方孔"半两"钱。钱币的样子这才基本固定下来，并一直沿用到民国初年。有些人还根据它的样子，给它起了个外号——孔方兄。

秦半两钱

钱币所含贵金属的分量够，就能买到相应的东西，和钱是谁造的关系不大。不夸张地说，拿一块和一串铜钱分量相同的铜块去买东西，卖主也不嫌弃。

当然，这种政策要想良好维持下去，只能建立在理想状况下——大家用金属造钱时都会按照规定保质保量，不会缺斤短两。可实际上，不法之徒实在太多了，很多人想尽办法在钱币中掺杂铁之类的贱金属，搞得社会上流通的钱乱七八糟。

汉武帝是个有雄才大略的皇帝，比较懂经济，觉得这样下去不行，就在公元前113年下令收回铸币权，规定以后百姓都要使用由中央政府统一铸造、统一发行的"五铢钱"，别的都不能再用了！

和秦朝的半两钱一样，汉代五铢钱上的"五铢"标注的也是钱的实际重量（二十四铢为一两）。可后来为了省铜料，五铢钱做得越来越"小巧"，魏晋南北朝时期更是小得可怜，被戏称为"鹅眼""鸡目"。有些人甚至把正规五铢钱的边缘剪下来一圈卖钱，剩下的部分还当五铢钱花（剪轮五铢），使五铢钱变得轻重不一。

唐朝建立后，唐高祖奇怪地发现，五铢钱虽然轻重不一，且分量已经远远不够"五铢"，可老百姓在日常使用时并不在乎。他想，既然如此，干脆就别再标注重量了！

于是，一种新的钱币"开元通宝"出现了。"通宝"的意思是"流通的宝货"，"开元"则是"开辟新纪元"的意思（不是唐玄宗的年号哟）！

说实在的，这种钱币的确如唐高祖所愿，开辟了新纪元——此后中国历朝历代的铜钱都不再在钱上标重量，而统一叫"通宝"或者"元宝"。

由国家统一铸造的"通宝"是国家

剪轮五铢

的脸面，因此很多朝代都很重视钱币的设计，尤其是文字的美观。唐高祖创立"开元通宝"时，为了让钱币更加精美，特意请当时的大书法家欧阳询来书写钱币上的文字（钱文）。宋朝文化发达，书写钱文的大家更多，如苏东坡、蔡京等，甚至连皇帝也亲自上阵。因此，宋朝的钱币上，真、草、隶、篆各种书法争奇斗艳。文艺范儿十足的宋徽宗连钱币的具体设计也要参与，他书写的"大观通宝"钱文优秀绝伦，是他创制的瘦金体书法的杰出代表。

钱币是财富的象征，随着钱币的使用越来越频繁，它慢慢地成为国运和老百姓美好愿望的寄托。因此，除了用来购物的钱币，历朝历代还仿照钱币制作了各种各样寄托不同祈望的"压胜钱"（也叫押胜钱、厌胜钱或花钱）——有祝福吉祥的"祝寿钱""洗儿钱""撒帐钱"，有免除厄运的"辟兵钱""神咒钱""八宝钱"，有求子的"男钱""女钱"，还有嬉戏、娱乐用的"棋钱""马钱""灯谜钱"，无所不包。

陕西法门寺地宫还曾出土过 13 枚玳瑁币，它们由玳瑁龟背甲制作而成，极其珍贵。它们类似于今天的纪念币，是专为皇帝赏赐臣下而制作的。

这些造型、材质、用途各异的钱币，成为中国钱币文化中别样的风景。

北宋"大观通宝"

大观通宝属于"御书钱"（由皇帝题写钱文的钱）。除了大观通宝，宋徽宗还用"玉划银勾"的瘦金体题写过崇宁通宝、政和通宝等钱文。后世也出现过不少御书钱，但其钱文的艺术水准都没法儿和宋徽宗比！

宋代刘海戏金钱铜像

刘海是道教传说中的人物，民间有"刘海戏金蟾，步步得金钱"的吉祥话。这件铜像中没有出现金蟾，刘海是个小孩子的模样，袒胸露怀，喜气洋洋，双手舞动着一串金钱，象征着财源滚滚、吉祥如意等美好寓意。

北周"永通万国"压胜钱

"永通万国"是北周静帝在位期间铸造的压胜钱，文字的意思是"天下万国皆可使用"，表达了对国运的祈祷。这种钱币所刻文字精美，工艺精湛，艺术价值极高，堪称魏晋时期的"钱中之冠"。

纸币成为最终"赢家"

宋朝时,我国经济高度发展,对钱币的需求量空前增加。国家虽然努力开凿铸钱需要的铜矿,但仍赶不上需求增长的速度。没办法,只好在四川等商业繁荣、钱币尤其紧缺的地区铸造铁钱。铁比铜贱得多,因此铸成钱后更不值钱。当时单是买一匹布,就需要携带130斤铁钱,实在是太不方便了!

生意得做,可政府发行的钱币实在不合用,怎么办呢?当地的一些大商户经过一番商量,决定用纸质的凭证代替真的钱,并称其为"交子"。

具体的操作办法是:在四川各地建立连锁的"交子铺",存款人把现金存到铺子里,铺子把数额写在交子上,将其交给存款人。之后,不管是谁,只要拿着交子,就可以到连锁的交子铺取相应数量的钱。

怎么样,是不是和现在去银行存钱的流程差不多?的确如此,不过有一点不同的是,当时在交子铺里存钱,不但不像现在这样可以拿到利息,反而需要交给铺子一定的保管费。

这种做法完美地解决了金属钱币不足的问题。北宋政府了解后表示支持,还主动作为,由政府印刷发行"交子",以防伪造。于是,世界上最早使用的纸币"官交子"就在中国北宋时期的四川地区诞生了。

元朝时,朝廷大量发行纸币"宝钞",并建立了一套完备的管理制度。现在的很多有关纸币发行、管理的理念

和做法，那时就已经出现了。比如，对一些流通时间较久、已经明显破旧的纸币，官方统一进行回收；通过立法和加强防伪技术，严厉打击假币，等等。

在朝廷的强力推动下，纸币在元朝成为主要的流通货币，铜钱的使用量非常少。

可惜的是，当时的人还不太了解纸币发行量和货币实际需求量之间的关系。元朝末年，为了治理黄河，朝廷大量发行纸币，导致了严重的通货膨胀。这成为元朝灭亡的一个重要原因。

明朝初期，朝廷学元朝的做法发行"大明宝钞"，可同样没有遵循纸币运行的内在规律。因此宝钞不断贬值，最终被废弃不用。明朝中期以后，随着中外贸易的加强，白银开始大量流入中国，成为举国上下最喜闻乐见的常用钱币。中国由此进入了历史学家所谓的"白银时代"。

之后一直到清朝末年，基本上都流行大额交易以白银为主、小额交易则使用铜钱的做法。

近代以来，人们对钱币的发行规律认识得越来越深刻。于是，印刷成本低、效率高、轻便易携带的纸币迅速占据了压倒性地位，成为世界各国钱币的主要形态。中华人民共和国成立后，先后发行了5套人民币。如今，随着科技的快速发展，数字货币和移动支付变得越来越普遍，给钱币文化带来了新的生机。

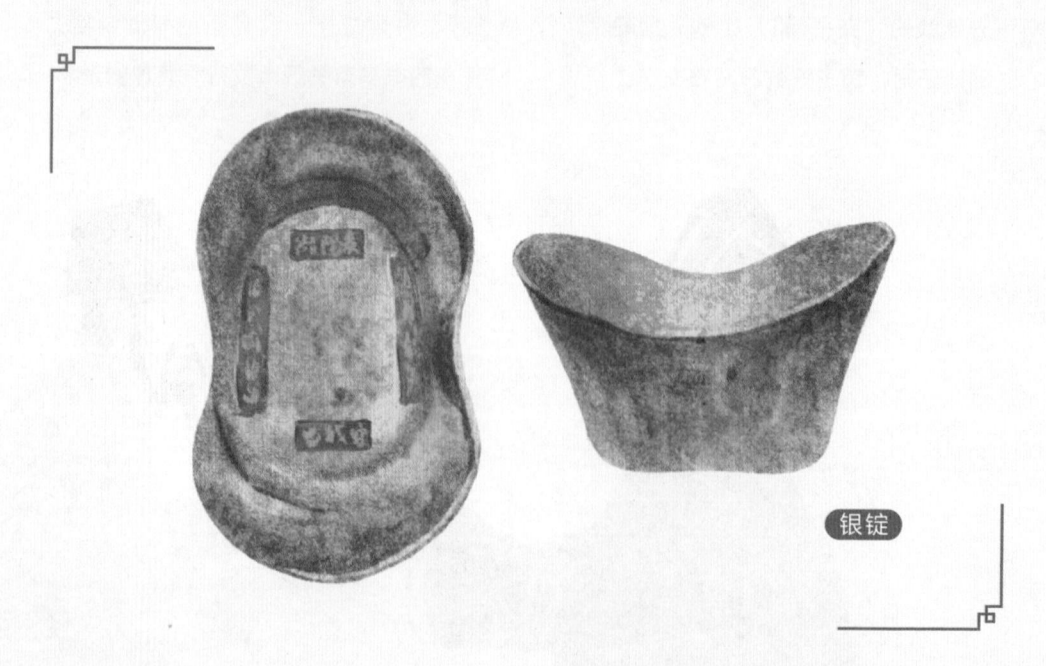

银锭

公元 1368 年

———

公元 1644 年

公元1368年，朱元璋建立明朝，定都南京。同年8月，明军攻入大都，推翻元朝。
公元1399年—1402年，靖难之役。
公元1420年，明成祖朱棣迁都北京。
公元1449年，土木之变和北京保卫战。
公元1457年，南宫之变，明英宗第二次当上皇帝。
公元1561年，台州大捷，抗倭战争取得决定性胜利。
公元1644年，大顺军攻入北京，明朝灭亡。4月，清军入关。

第三章

明

开篇：
遗址发现

在北京市昌平区的天寿山麓，有一片大型陵墓群。这里三面环山，有小河蜿蜒流过，在过去的人看来，是不可多得的风水宝地。所以，明朝永乐皇帝（明成祖朱棣）迁都北京后，便选择了在这里修建皇帝陵寝。此后，这里先后埋葬了明朝的十三位皇帝，被称为明十三陵（包括长陵、献陵、景陵、裕陵、茂陵、泰陵、康陵、永陵、昭陵、定陵、庆陵、德陵、思陵）。

明朝灭亡后的几百年间，十三陵在明末农民起义过程中和清朝、中华民国时期，经历过多次局部被焚、重修、被盗，但幸运的是，总体还算保存完整。

中华人民共和国成立后，百废待兴，各行各业的人都摩拳擦掌，希望在各自的岗位上为新生的共和国贡献力量。

1955年，一份请示发掘明长陵的报告递交到了国务院。在报告末尾署名的是当时的多位重量级历史学家、考古专家和文化学者，如郭沫若、沈雁冰（茅盾）、吴晗、范文澜等。

明长陵是永乐皇帝和皇后的陵墓，从未被盗过。大家一致认为，如果对长陵进行发掘，一定能为明史研究、帝王陵墓考古等带来重大突破。

发掘如此重量级的陵墓，绝非其他寻常考古发掘所能比的。国务院经过慎重考虑，最终作出了"原则同意"的批示。

得到批准后，由郭沫若、吴晗等超豪华阵容组成的长陵发掘委员会很快成立了。1955年年底，委员会下属的考古工作队冒着风雪和严寒，来到了距市中心的故宫50千米的长陵，开始进行初步勘探。

明朝皇帝陵的结构大体相似：从外

面进入陵墓，就像进入一座院落一样，要依次经过石桥、陵门、碑亭、棱恩门、棱恩殿、明楼等，明楼后建有深入地面之下的地宫。

地宫里放着皇帝的棺椁和随葬品。地宫封闭后，会用砖砌成圆形或椭圆形的围墙，将地宫围在中间，称为"宝城"；之后会在宝城里填上黄土夯实，并将顶部做成圆弧形的穹隆，称为"宝顶"；宝顶上再种上松柏之类的树木，就大功告成了。

陵墓的地上建筑一目了然，最主要的考古工作自然是对地宫的发掘。大家兴奋异常，摩拳擦掌——第一座明朝皇帝陵地宫的神秘面纱很快就要被揭开了！

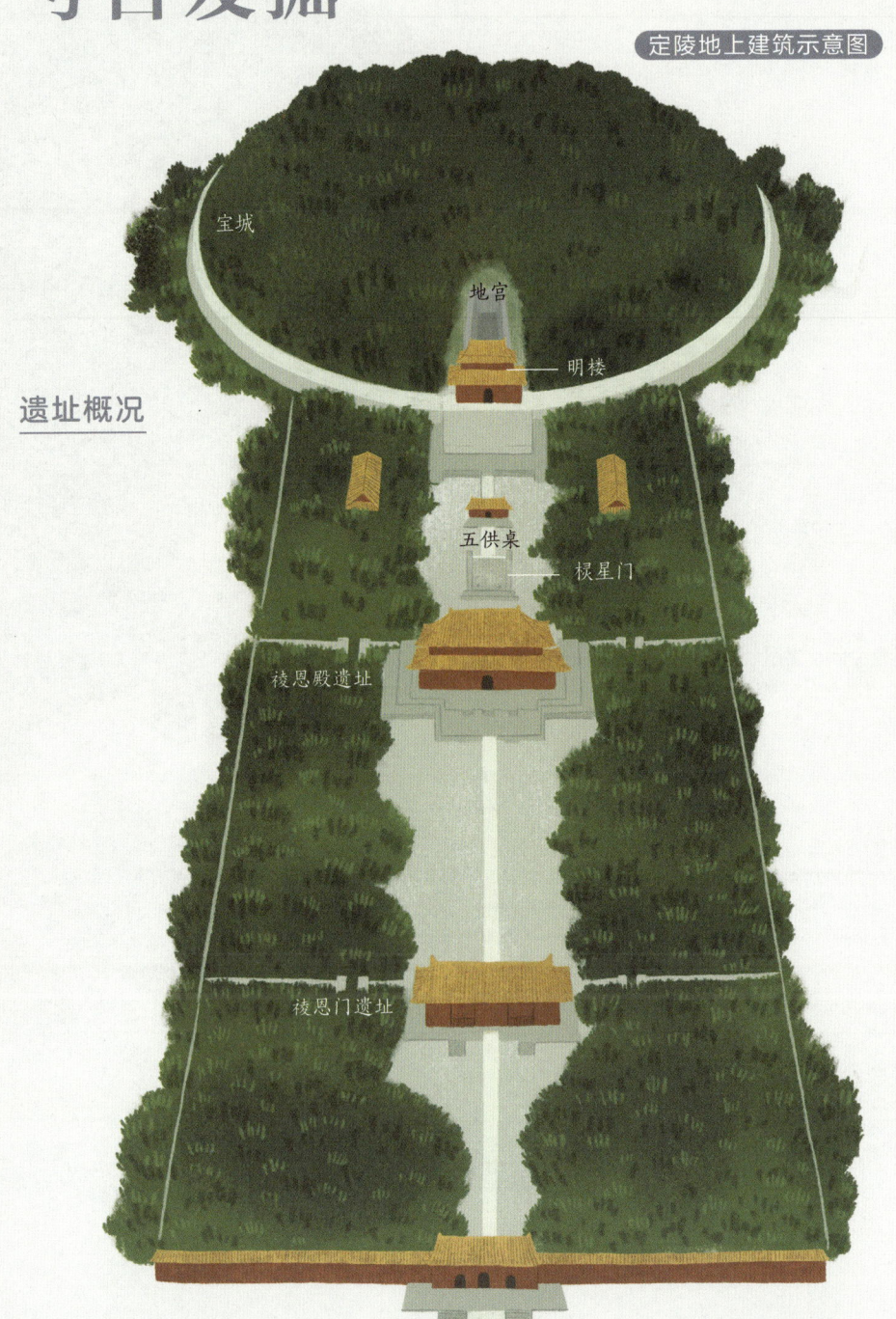

第一部分：
考古发掘

定陵地上建筑示意图

宝城

地宫

明楼

遗址概况

五供桌

棂星门

祾恩殿遗址

祾恩门遗址

后殿

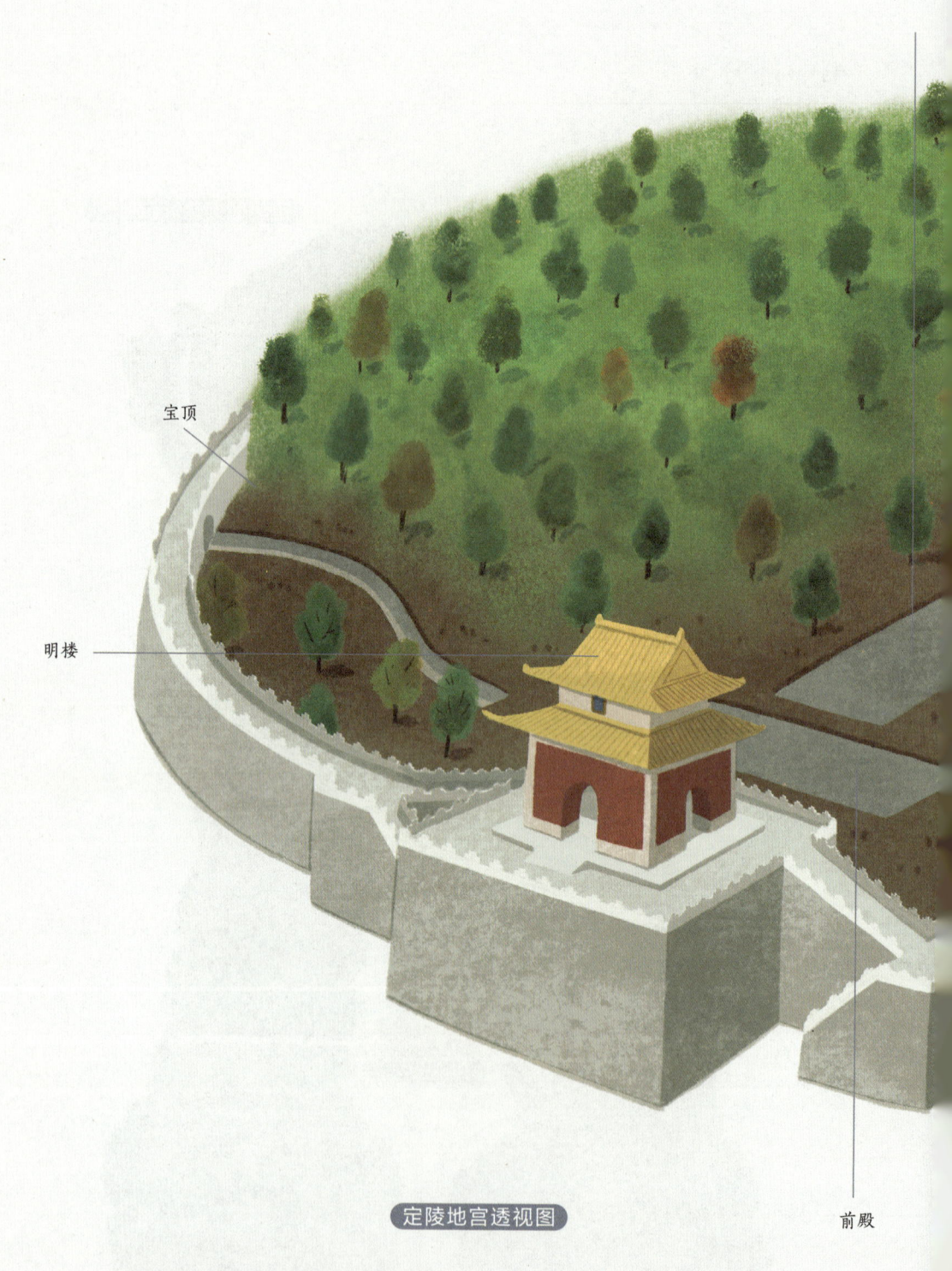

宝顶

明楼

定陵地宫透视图

前殿

前殿　配殿　中殿　三座宝座　后殿　棺椁　配殿

宝城

重点细节展示

最初，专家们觉得，长陵的明楼和宝城位置很明确，寻找地宫入口的难度不会太大。可他们在长陵的宝城外和宝顶上勘探了很久，竟然一点儿头绪也找不着。他们转而决定先挖掘小一点儿的献陵，可忙了半个月仍一无所获。

正当大家无计可施时，一个意外出现了！1956年5月的一天，考古工作队的队长、著名考古学家赵其昌在定陵宝城转悠，不经意间一抬头，发现离地面3米多高的城墙上方有几块城砖塌陷了，露出一个直径约半米的圆洞。这个意外的发现立刻吸引了大家的注意力。仓促之间，他们没有找到梯子，就干脆搭人梯，让一位队员爬到洞口探视。根据观察到的情况，专家们判断："这里就是地宫入口！"

考古工作队一下沸腾了！

不过，从地宫入口到地宫大门仍有一段距离。为了搞清楚地下结构，又不造成太大破坏，接下来队员们采用跳跃式挖掘的方法，隔一段距离挖掘一条"探沟"（用来探测地下情况的深沟）。

经过一年的挖掘，1957年5月，工作队终于在第三条探沟处发现了地宫最后一道防线"金刚墙"，它后面就是地宫的大门。

因为是第一次进入皇陵，民间有关皇陵中机关密布、暗器多发的传言让考古队员们有些担心。保险起见，他们把金刚墙上面的券门拆开后，派了一个身强力壮的队员先进去探路。为防意外，工作队在他身上系了长绳，一旦有什么风吹草动，就立刻不顾一切地往回拉。好在工作队并未发现任何机关暗器，顺利来到了地宫大门前。

地宫大门高3.3米，宽1.7米，用汉白玉雕凿而成，非常沉重。大门被"自来石"从内部顶住，仿佛在倔强地做最后的"抵抗"。这当然难不倒考古队员们。他们根据文献记载自制了一种特别的工具"拐钉"，将其从门缝伸进去兜住自来石，然后一起用力，成功地把自来石移开了。

功夫不负有心人，经过不懈的努力，这座神秘的地下宫殿终于慢慢地露出了真容！

定陵地宫位于地下27米深的地方，由前、中、后三座殿和左、右配殿组成，总面积约有1200平方米。地面上铺满平整、光洁的石砖，整座宫殿没有一根柱子！

前殿和中殿连在一起。前殿只有一些朽坏的圆木，是当初挪动棺椁时使用的。中殿摆放着一些瓷器，瓷器的周围是3个硕大的汉白玉宝座。

打开中殿后方的大门，就是整个地宫最核心的后殿。后殿的空间最大，高9.5米，宽约9米，长度达到惊人的30米！殿中庞大的棺床上赫然摆放着3口巨大的红色棺椁，中间无疑是万历皇帝的，旁边两口则属于他的两位皇后——孝端皇后和孝靖皇后。在棺椁周围，整齐地摆放着20多个楠木箱，里面满满当当都是随葬品。后来的统计数据显示，后殿共出土了各类器物2600多件，包括500多件金银器、60多件铜器、50多件玉器，还有大量的漆器、首饰、钱币和丝织品、衣物……数量之多、工艺之巧令人瞠目结舌！

定陵的发掘在当时是严格保密的，一年后，消息才通过新华社播出，一经播出，立刻轰动了世界。1959年9月30日，定陵博物馆正式宣告成立并对外开放，国内外的观众蜂拥而至，都想第一时间一睹这座地下宫殿的风姿。

如今，明十三陵先后被认定为全国重点文物保护单位、世界文化遗产。2021年10月，明定陵入选全国"百年百大考古发现"。明定陵一波三折的发掘过程、丰富的考古成果，直到现在仍为无数人津津乐道。

不过，定陵的发掘也留下了诸多遗憾。由于当时考古工作者的经验不足，大量无比珍贵的文物在发掘中遭到了严重破坏，甚至被彻底毁坏。

比如，地宫后殿随葬有大量做工精美的丝织品和衣物，可在大门被打开的瞬间，这些宝物很快就被严重氧化了，成了难以连缀的碎片，再也无法修复。在清理文物时，考古队员们的手法也比较"粗暴"，甚至未做任何防护，直接用手去抓取珍贵的文物。

尤其令人遗憾的是，当时考古队员们盲目偏重文物，而把帝、后的遗骨随意丢弃。价值连城的金丝楠木棺椁因为已朽坏也被认为毫无价值，被随手丢进了旁边的树林里，后被当地的村民捡回去当作柴火烧掉……

这些惨痛的教训让无数人为之扼腕叹息。此后，"若无必要，不再主动发掘帝王陵墓"逐渐成为考古界的一条铁律。明定陵也因此成为中华人民共和国成立后第一座也是唯一一座有计划、主动发掘的帝王陵墓。

出土文物展示

▼ 金丝翼善冠

翼善冠又叫翼蝉冠，顾名思义，就是带"翅膀"的帽子，由前屋、后山和两角组成。这件翼善冠由纯金打造，是万历皇帝的皇冠，高 24 厘米，重 826 克。

"前屋"的帽壳部分用 518 根直径只有 0.2 毫米的细金丝手工编结而成，薄如轻纱。金丝之间的孔大小均匀，简直像用机器编织出来的，令人惊叹。"后山"正前方是精妙绝伦、制作难度最高的"二龙戏珠"装饰。其中，龙的头、身子、爪子等部位都是先单独制成的，然后通过焊接完成组装。据统计，仅龙鳞就用了 8400 片！善冠的"两角"，也就是人们常说的"纱帽翅"，看起来就像两只竖起来的兔耳朵。是不是很"萌萌哒"呢？

这件翼善冠是迄今为止发现的唯一一顶纯金皇冠，堪称国宝。

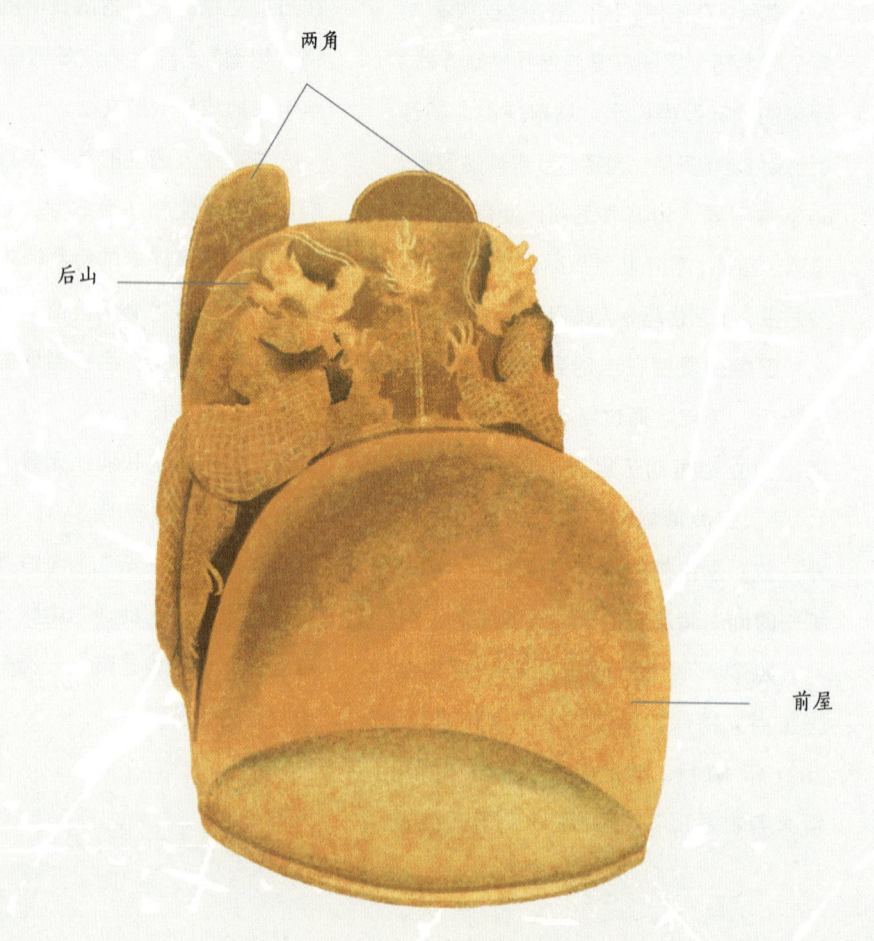

▼ 孝靖皇后十二龙九凤冠

定陵中一共出土了4顶造型绝美的凤冠，分别是三龙二凤冠、六龙三凤冠、九龙九凤冠和十二龙九凤冠。这件十二龙九凤冠是孝靖皇后的。冠上的龙、凤姿态各异，造型精美。这件凤冠采用成本极其高昂、民间罕见的"花丝"和"点翠"工艺加工而成，共镶嵌宝石121块、珍珠3588颗，总重约2.6千克。冠后还拖着6条长20多厘米的"小尾巴"，上面装饰了大量的珍珠、黄金和金丝编织的龙凤，尽显皇后的华贵。

金托金爵杯 ▶

这是万历皇帝使用的一套酒具，由金托、金爵组合而成。金爵是双层的，外壁装饰金龙和海浪纹；托盘上则刻着生动的"二龙戏珠"图案，底部刻有"万历年制金爵，重五两一钱七分"的铭文。整套酒具上镶嵌了5颗珍珠、25块宝石，显得富丽堂皇。这套酒具总重531.5克，经鉴定含金量达95%，是定陵出土的金器中含金量最高的一件。

十二章纹衮服龙袍

"衮服"是皇帝参加重大庆典时穿的礼服。在这件衮服上，位于两肩和前后襟上的十二团龙图案最引人注目，两侧是"十二章纹"。十二章纹是日、月、星辰、山、龙、华虫、宗彝、藻、火、粉米、黼（fǔ）、黻（fú）这十二种图案，各有不同的吉祥寓意。

这件衮服龙袍采用"缂（kè）丝"工艺制作而成。缂丝工艺异常烦琐，最熟练的织工一天也只能织出一寸。据估计，这件缂丝龙袍需要差不多10年的时间才能完成，足见其珍贵。可惜的是，这件龙袍在棺椁打开的瞬间就氧化了。后来，首都博物馆委托南京云锦研究所，利用现代工艺，花了很长时间才做出来1:1的复制品，世人才得以一睹它的华彩。

藻，象征帝王的高洁品行。

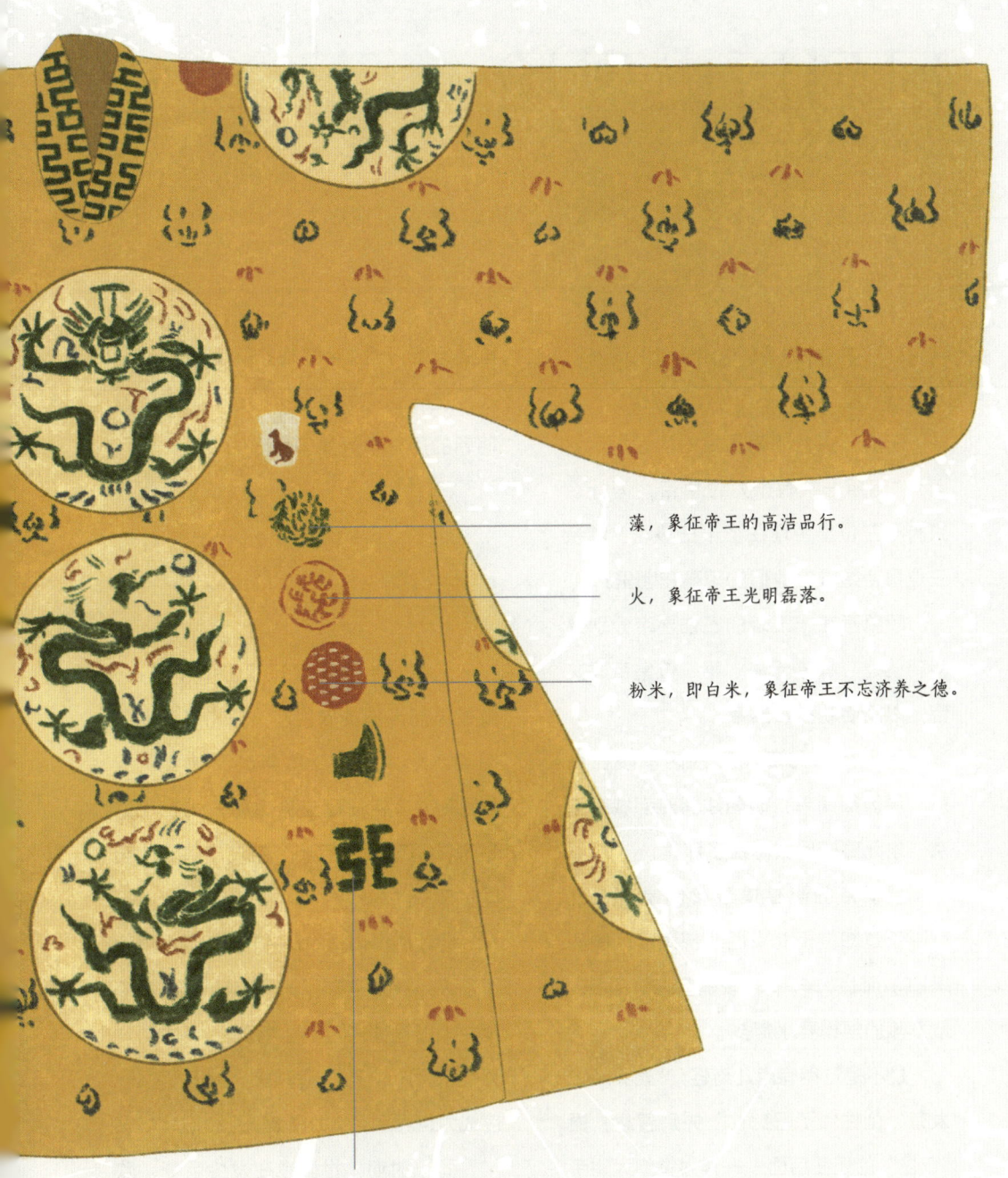

火，象征帝王光明磊落。

粉米，即白米，象征帝王不忘济养之德。

黻，象征君臣相济，改恶从善。

第二部分：
回到历史现场

揭开历史的帷幕

了解一点儿明朝历史的读者肯定要问："明朝一共有十六位皇帝，为什么只有十三位皇帝埋在了十三陵呢？其余三位皇帝是谁？他们的陵墓在哪里？"

陵墓不在十三陵的三位皇帝分别是明朝的建立者朱元璋、第二位皇帝建文帝，以及明朝的景泰帝。

明太祖朱元璋的陵墓明孝陵在南京，原因很简单：明朝建国时都城在南京，朱元璋死后就葬在了那里。

景泰帝的陵墓景泰陵倒是也在北京，不过却位于北京西北部海淀区的玉泉山。而且，与十三陵的皇陵比起来，景泰陵的规模要小得多。

是不是觉得有点儿奇怪："景泰帝也太有'个性'了吧？！"先别着急，更"奇怪"的还在后面——作为堂堂大明帝国的皇帝，建文帝压根儿就没有陵墓！

这一切究竟是怎么回事？我们就从明朝的历史中寻找答案吧！

细说明朝

元朝统治中国仅短短 100 年左右，就被风起云涌的农民起义打垮了；此后明朝统治中国近 300 年，又被女真族（后来的满族）建立的清朝取代。也就是说，明朝是最后一个由汉族建立的全国性政权。

明朝时，中国的君主制度已经发展到了顶峰，社会经济也十分繁荣。当时的明朝，人口超过一亿，国力强盛，还主动对外交流，形成了"万国来朝"的局面，一度成为世界上影响力最大的国家。

同一时期，世界也在发生巨变。欧

明朝皇帝陵墓表（不含南明皇帝）

姓名	庙号	别称	陵寝所在地
朱元璋	明太祖	洪武皇帝	明孝陵（今江苏省南京市玄武区）
朱允炆	明惠帝	建文皇帝	无（失踪）
朱棣	明成祖	永乐皇帝	明十三陵·长陵
朱高炽	明仁宗	洪熙皇帝	明十三陵·献陵
朱瞻基	明宣宗	宣德皇帝	明十三陵·景陵
朱祁镇	明英宗	正统皇帝	明十三陵·裕陵
朱祁钰	明代宗/明景帝	景泰皇帝	景泰陵（今北京市海淀区玉泉山）
朱见深	明宪宗	成化皇帝	明十三陵·茂陵
朱祐樘	明孝宗	弘治皇帝	明十三陵·泰陵
朱厚照	明武宗	正德皇帝	明十三陵·康陵
朱厚熜	明世宗	嘉靖皇帝	明十三陵·永陵
朱载垕	明穆宗	隆庆皇帝	明十三陵·昭陵
朱翊钧	明神宗	万历皇帝	明十三陵·定陵
朱常洛	明光宗	泰昌皇帝	明十三陵·庆陵
朱由校	明熹宗	天启皇帝	明十三陵·德陵
朱由检	明思宗	崇祯皇帝	明十三陵·思陵

洲的船队开始频繁地出现在世界各处的海洋上，他们发现了很多当时尚不为其他国家所知的地区，在人类诞生后第一次把全世界连在了一起。在这之后，一直领先于世界的中国，优势开始渐渐丧失……

从放牛娃到大明皇帝

疆域空前辽阔的元朝，统治中国不到 100 年，就彻底陷入了困境。元朝末年，政治十分腐败，再加上天灾不断，老百姓实在活不下去了，纷纷起义；一些有权有钱的人，也趁着乱世割据称雄。他们虽然都打着"反元"的旗号，但彼此并不和睦，经常你打我、我打你，争权夺利。

经过长达十几年的拼杀，一个叫朱元璋的人不断吞并其他势力，成了最后的赢家。

朱元璋是濠州（今安徽凤阳）人，出身非常贫寒。这一点从他最初的名字"朱重八"就能看出个大概。过去，豪门大户在给孩子取名字时经常引经据典，力求文雅，而穷苦人家给孩子取名字时就随意多了。估计朱元璋的父母都是老实巴交的穷苦农民，没什么文化，见他在兄弟（包括堂兄弟）里排行第八，就图省事，直接为他取名"朱重八"。

也有人认为，取名"朱重八"是因为朱元璋的生日是八月初八。当然，不管是哪种原因，有一点是毋庸置疑的，那就是这个土得掉渣儿的名字，起的时候绝对没花太多心思。

事实上，朱元璋早期的人生经历也充分证明了他是个不折不扣的"草根"。他小时候先是给地主家放牛；长到十六七岁时，为生计所迫，进寺庙当了和尚；此后又到处云游，混了七八年。

25 岁时，朱元璋的人生迎来了转折点。当时，反元的红巾军起义正如火如荼，他幼时的一个玩伴加入了红巾军，并写信来邀请他"入伙"。在这样的乱世，当和尚注定没啥前途，于是朱元璋果断还俗，加入了"造反"的大军。

朱元璋社会阅历丰富，作战也很能拼命，再加上当和尚时他为了读经在寺庙里认了一些字，投军后他很快成为能文能武的"稀缺人才"，地位不断上升，后来更是得到红巾军领袖郭子兴的赏识。郭子兴不仅把朱元璋调到帅府当差，还把自己的义女马氏嫁给了他。

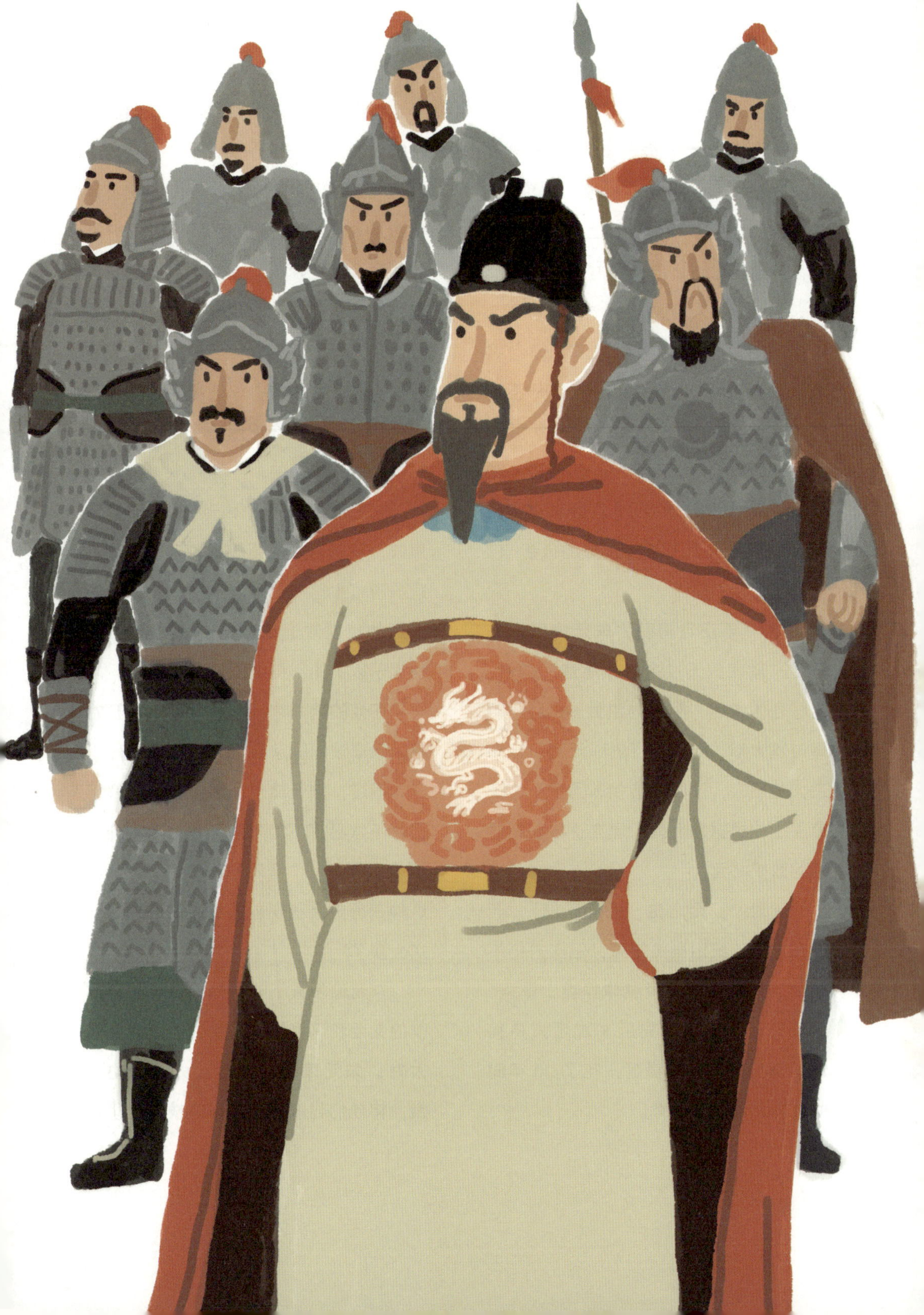

1355年，郭子兴病逝，他手下的红巾军就全由朱元璋领导了。

朱元璋这个人很务实。他不图虚名，采取"高筑墙，广积粮，缓称王"的策略，稳扎稳打，不断壮大自己的力量，竟然先后将比自己实力更强的陈友谅、张士诚等人击败。

1367年，兵精粮足的朱元璋向其最强大的对手——元朝廷——展开了猛烈攻击。他提出"驱逐胡虏，恢复中华，立纲陈纪，救济斯民"的口号，对当时不满意元朝统治的老百姓来说实在是及时雨，吸引了越来越多的人参与，加速了元朝的崩溃。

1368年正月初四，朱元璋见大局已定，就在应天（今江苏南京）称帝，定国号为大明，年号为洪武。8月，明军进逼大都，元惠宗（史称元顺帝）知道大势已去，没做抵抗就逃回了蒙古在草原上的根据地上都，建立了与明朝对峙的政权北元。

所谓"百足之虫，死而不僵"，元朝在全国的统治虽然结束，但实力仍然强劲。为防止北元经过休养卷土重来，朱元璋一鼓作气，先后8次派大将徐达、蓝玉等人穷追猛打，花了20年时间才将北元彻底打垮。

昔日的放牛娃如今坐拥整个天下，开始按照自己的思路整治疆域辽阔、百废待兴的大明王朝。

朱元璋出身低微，对民间的疾苦有切身的体会。当上皇帝后，他爱护百姓，下令减免赋税，兴修水利，尽快恢复生产。朱元璋自己也非常节俭，吃的是粗茶淡饭，盖的是用小片丝绸拼接缝补而成的"百纳单"。皇帝平时的用具和坐的车子，过去常用金子装饰，他也都下令换成了铜的。

朱元璋不仅严于律己，对那些贪污腐败，不顾百姓生死、只管自己享受的官员也毫不客气。他发动了有史以来最严厉的反腐败运动，规定官员贪污60两银子以上的，统统杀掉。

在他的努力之下，从元朝末年开始就陷入崩溃的国家又重新恢复了元气。

不过，朱元璋也很多疑，最担心自己好不容易打下的朱家天下会落入他人手中。于是，"兔死狗烹、鸟尽弓藏"这种在历史上出现过无数次的悲剧又一次上演了！

朱元璋争天下时，刘伯温等智谋超群的文臣和冯胜等能征善战的武将出了大力。朱元璋得天下后，先是论功行赏，将他们封侯封爵；可很快，为了防止他们功高震主，他开始找各种理由把他们杀的杀、贬的贬。他先后制造了被称为"明初四大案"的空印案、胡惟庸案、郭桓案、蓝玉案。在空印案中，全国5%以上的官员受到了惩治，而其余三个案件，每个案子受牵连被诛杀的人都多达好几万！

经过这一番"杀鸡儆猴"，侥幸活下来的开国功臣如凤毛麟角，个个战战兢兢、如履薄冰。

朱元璋还想尽办法加强自己的权力，不仅废除了之前国家的最高权力机关中书省，也不再设宰相，凡事都由自己说了算。

龙纹须弥座

明中都遗址

安徽凤阳明中都遗址位于安徽省滁州市凤阳县境内，明中都是明初首个按京师规制营建的都城，占地约50平方千米，规模十分宏大。但在营建6年后，都城已初具规模时，朱元璋又以耗费太大为由，下令停止修建。此后600多年，明中都饱经风雨侵蚀，如今仅剩下断壁残垣的遗址。近年的考古发掘让我们重新认识到它曾经的辉煌。

城中发现了大量龙纹建筑构件，这件造型精美的龙纹"须弥座"（建筑物底座）就是典型代表。上面的龙纹造型生动，昭示着至高无上的皇家威严。

他还设立了一个特务机关——锦衣卫。锦衣卫由朱元璋直接管理，负责监控各级官员。就算退了朝，官员们在家里做了什么事儿、说了什么话，锦衣卫也能探听得一清二楚，报告给朱元璋。朱元璋和官员们聊天的时候，经常故意装作无意说起其中的一些细节，比如"昨天晚上你吃的鱼味道怎么样啊？""前天你和某某下棋，其中一招可没下对啊！"之类，搞得官员们精神高度紧张，只能守规矩，丝毫不敢越轨。

为了把天下治理好，朱元璋发挥拼命三郎的精神，恨不得自己一个人做主，解决天下的所有大小事情。他废寝忘食，每天天不亮就上朝，晚上很晚才回宫睡觉，数十年如一日。1385年是朱元璋当皇帝的第18个年头。据记载，这一年的9月，8天之内，他批阅了1660份奏折，平均每天200多份；处理了3391件大小国事，平均每天400多件！勤政到这种程度，在历代皇帝中实属罕见，真可以配得上"劳动模范"的称号！

朱元璋的努力没有白费，在他的统治之下，明朝的国力迅速增长，出现了被称为"洪武之治"的盛世局面。

朱元璋的嫡长子朱标性情温和，威信也很高，朱元璋对他寄予厚望，很早便立他为太子。不幸的是，1392年，朱标受了风寒，竟然先朱元璋去世。晚年丧子，再加上常年超负荷的劳动，朱元璋的身体越来越差。1398年，71岁的朱元璋病逝，遗诏命皇太孙朱允炆继位，史称建文帝。

读点儿古诗文

朕膺天命三十有一年，忧危积心，日勤不息，务有益于民。奈起自寒微，无古人之博知，好善恶恶，不及远矣。……丧祭仪物，毋用金玉。孝陵山川因其故，毋改作。诸王临国中，毋至京师。诸不在令中者，推此令从事。

——《朱元璋遗诏》

大意 我当了31年皇帝，千方百计为老百姓着想，从来不敢懈怠。可惜我出身贫寒，没啥文化，所以在惩恶扬善方面比古人差多了。……我死后，丧葬用品不要用金玉之类的贵重物，陵墓周围的山川也保持原样，不要为了风水之类的进行改造了。诸侯王在自己的封地缅怀一下我就行，不要再往京城跑了。遗诏里没写到的，都按照俭省的原则办。

雄才伟略的"马上皇帝"朱棣

建文帝从小聪慧好学，性格也很仁厚，当上皇帝之后，各种政策都讲究"宽仁"。他减免赋税，减轻刑罚，使明朝在"洪武之治"的基础上继续向前发展。

天下虽然安定，有个问题却像一块大石头一样，始终重重地压在建文帝的心头，那就是藩王问题。明朝建立后，朱元璋为了巩固朱家天下，一方面打击异姓功臣，另一方面把自己的儿子相继封王。尤其是以燕王朱棣为首的"九大塞王"，由于承担着防卫北部边疆的重任，很受重视，兵多位高。

建文帝一直觉得这些藩王是重大隐患。因此，当上皇帝没多久，他就开始在大臣齐泰、黄子澄的协助下，着手削藩。周王、齐王、代王、岷王等藩王在明太祖时就飞扬跋扈，不守规矩。建文帝首先对他们下手，在不到一年的时间里先后将他们贬为庶人。

见削藩进行得如此顺利，建文帝非常兴奋："看来解决藩王问题也没那么难嘛！"可当他把矛头对准镇守北平的燕王朱棣时，却碰到了"硬茬子"。

燕王朱棣是藩王中资格最老、实力最强的一个，在建文帝对付其他藩王时，他就意识到这件事早晚会轮到自己头上，因此早早就开始做准备。1399年8月，建文帝削夺他封号的诏书果然下达了，他立刻带兵反抗。

诏书是皇帝下的，抗命就相当于"造反"，肯定不得人心。怎么办呢？朱棣很快就从历史上找到了"解题思路"——西汉汉文帝削藩时，藩国造反的理由是"清君侧"，自己何不也来这么一出呢？

于是，朱棣打起"清君侧"的旗号，起兵"靖难"（意为平定叛乱）。那意思是说：皇帝很好，但皇帝身边总是有人鼓动皇帝做坏事，我出兵是为了清除他们！

面对朱棣反客为主的"不讲理"行为，建文帝起初并不在意，毕竟朱棣只是个藩王，而自己是大明帝国的正牌皇帝；朱棣的地盘只有北平附近的一小块，而自己拥有整个天下；朱棣的兵力统共不过10万人，而自己直接掌控的中央军就是其兵力的3倍，更不用说还有其他几十万召之即来的地方军队了。在他看来，平定其叛乱只不过是时间问题。

可此后几年，局势的发展越来越不

延伸阅读

分封制的教训那么多，朱元璋为什么还要封诸侯王？

明朝之前，历朝历代由于分封制造成诸侯王叛乱的事层出不穷，朱元璋为何还是分封了一些诸侯王？其实，朱元璋并不是没看到这些教训。稍微分析一下就能发现，他进行的分封与前代相比，有很多个性化的"巧思"。

明朝的诸侯王分封与之前的对比

之前的诸侯王分封	明朝的诸侯王分封
封地主要在内地，属于给诸侯王的奖励	封地重点在边境，主要是让诸侯王替国家干活儿（镇守边疆）
封地散布在全国各地，地点选择比较随意	封地由北向南，在国境内构成多条东西向的防线
诸侯王地盘大	诸侯王实际控制的地盘只有王府
诸侯王权力大，封地内的税收自己花，谁当官诸侯王说了算	封地税收都归中央

朱元璋的目的很明确，就是一方面最大限度利用分封制的优势（自己家的人靠得住），一方面规避它的劣势（防止诸侯王权力过大，不听皇帝的话），可谓用心良苦。

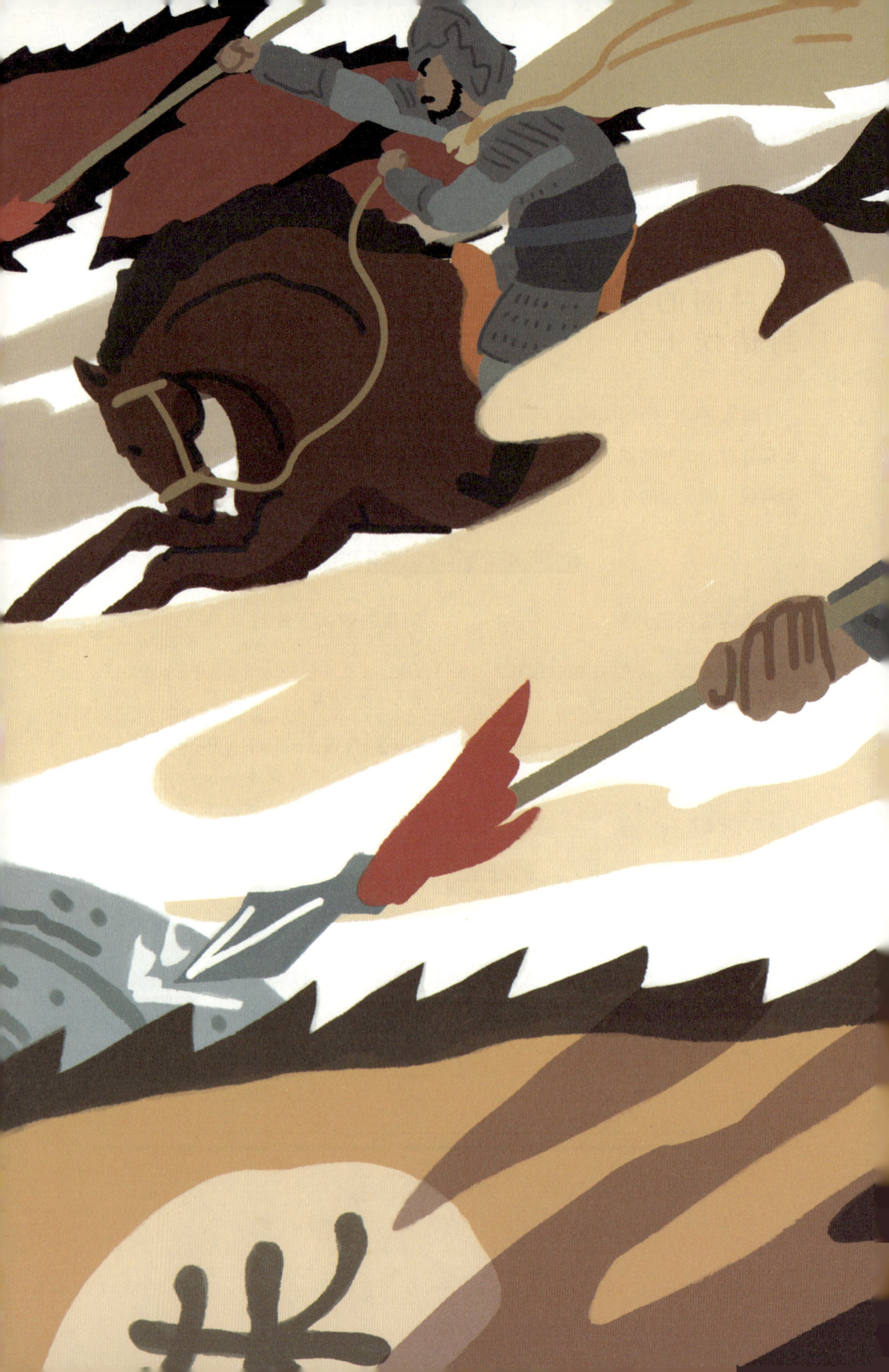

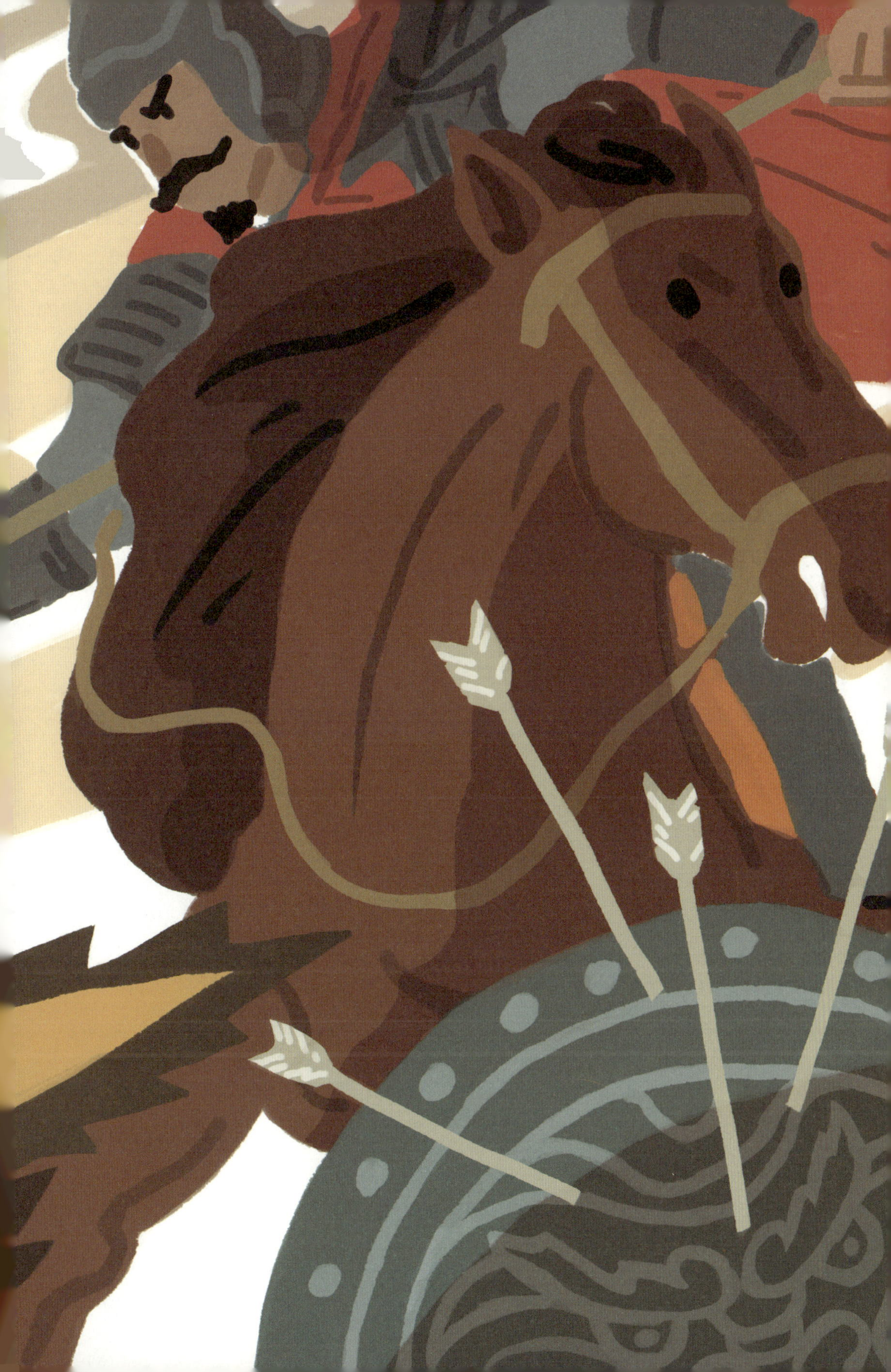

妙。朱棣常年在外领兵打仗，对付的还是蒙古这个极其难啃的"硬骨头"，因此积累了丰富的作战经验，军队人数虽少，战斗力却非常惊人。反观建文帝这边，管事的却多是纸上谈兵的文臣，昏招频出，在朱棣的攻击下竟然节节败退。

按说这事的主要责任不在建文帝，而要怪他的爷爷朱元璋。如果不是他当初把能打仗的开国功臣清洗得干干净净，建文帝现在何至于连个能打的帮手也没有呢！

1402年，朱棣的军队攻破了南京城。在混战中，皇宫起火，建文帝下落不明。有人说他被大火烧死了，也有人说他逃出了皇宫，流亡海外。建文帝成了"活不见人，死不见尸"的失踪人口，自然成了明朝唯一一位没有皇陵的皇帝。

经过"靖难之役"，燕王朱棣成功把自己的侄子"拉下马"，自己当上了皇帝。他就是明成祖，年号为"永乐"。

值得一提的是，在漫长的中国古代历史上，藩王起兵反抗中央的事情发生过很多次，可成功的却只有这一次。能突破这种"历史必然性"，看来朱棣还真是"有两把刷子"！

朱棣是靠"造反"当上皇帝的，因此受到了不少人的反对。他对反对自己、拥护建文帝的那些人毫不客气，大肆诛杀，动辄杀死数百人。对拒不投降的著名学者方孝孺，甚至发明了"诛十族"的恐怖刑罚，手段非常残忍。

朱棣自己因为反对"削藩"而起兵造反，可当上皇帝后，为了加强自己的权力，他仍在继续削藩。

经过几年的严厉统治，朱棣觉得自己的地位彻底稳固了，这才慢慢放松。他采取比建文帝时期更加宽松的政策，安抚百姓，发展生产，经济恢复得很快，国家的财政收入达到了整个明朝的最高峰。

这一时期，蒙古族的两个部落鞑靼和瓦剌崛起，继续与明朝为敌。1409年，朱棣派使者到鞑靼修好，没承想鞑靼可汗狂妄无比，竟然杀死了明使。

朱棣大怒，派10万大军攻打鞑靼。没想到明军轻敌冒进，深入大漠，结果全军覆没。

这下朱棣可坐不住了。"求人不如求自己"，他决定不等不靠，自己来！此后，朱棣多次带兵亲征，不断取得胜利。

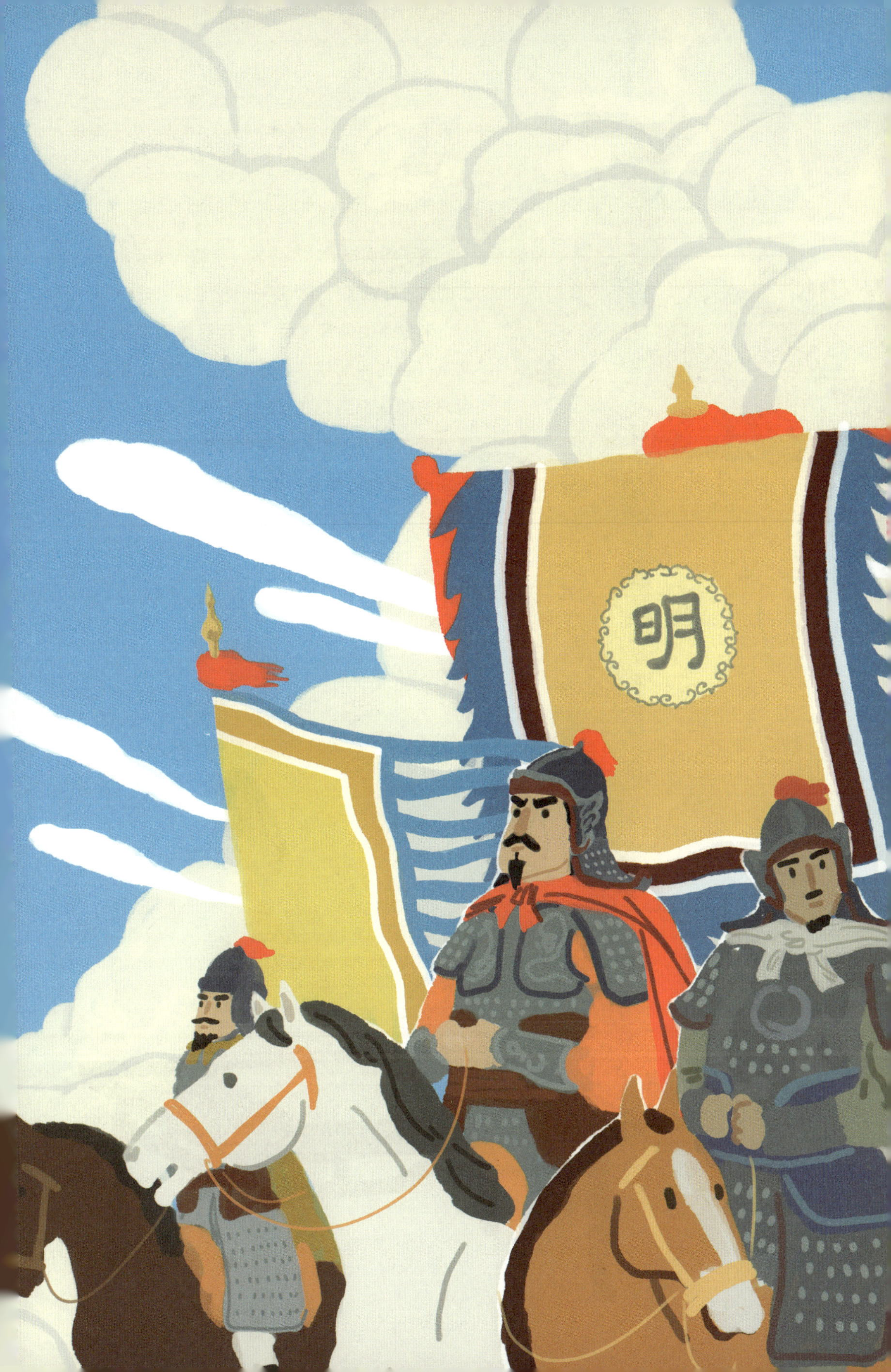
明

为了切实稳固北部边境，朱棣在不断北征的同时，还做了一件大事——营建北京城。

朱棣当上皇帝之后，对自己的老根据地北京（当时叫北平）念念不忘。另外，深谋远虑的他认识到，在当时的条件下，要有效抵御蒙古势力，彻底解决北部边境问题，靠在 3000 里外的南京城遥控指挥是不现实的。思来想去，他就有了迁都的念头。

他知道自己刚登基,根基不牢,贸然强行迁都很可能会带来麻烦,所以先以北平是自己的"龙兴之地"为名,下令在那里营建巡幸的宫殿。1406年,朱棣将营建北京城的重任全权委托给跟随自己多年的功臣陈珪,要求也很简单,只有一条:"提高标准,别给我省钱!"

新城按照南京城的形制进行设计,用料相当讲究。尤其是皇帝居住的宫殿,更是"高标准,严要求":宫殿柱子所用的楠木大都是从南方的崇山峻岭中挑选并运往北京的;宫殿中铺地用的砖,制作工艺更是极其复杂,据说从取土直至烧成出窑,需历时两年之久。因此,光

是筹备工作和基础工程就进行了近10年，1416年才开始营建宫殿和坛庙。

北京城的宫殿、太庙、社稷坛等设施，都仿照原都城南京的形式建造，但更高大、更华丽。经过从全国各地召集来的几万名能工巧匠3年多的辛苦劳作，新都城才宣告完成。根据统计，这次共建造了各类建筑近9000间！值得一提的是，由明朝著名建筑设计师蒯祥负责设计的承天门（后来的天安门）也是在这一时期完工的。

1420年9月，工程正式竣工。朱棣欣喜不已，特地挑了一个好日子——1421年正月初一——正式迁都，同时将北平改名为北京。

营建后的北京城布局合理，规模宏大，其中的紫禁城（故宫）是现存世界上规模最大的宫殿群，1987年被联合国教科文组织列入《世界遗产名录》。

这一时期，明军南征北战，使疆域不断扩张，甚至"远迈汉、唐"（比汉朝和唐朝的疆域大很多）。

在搞经济、搞政治、带兵打仗的同时，精力充沛的朱棣也没忘记搞"文化建设"。

他命令解缙、姚广孝等学者组织了将近3000人的精干力量，主持编写了一部集中国古代典籍于大成的类书，几乎汇集了当时能搜罗到的全部图书，成书22877卷，11095册，总字数达到了惊人的3.7亿字！

在没有电脑或打字机的时代，这样的鸿篇巨制全靠人用毛笔一笔一画地抄写而成，工程量之大可想而知。1408年，这项工程大功告成，朱棣兴奋地亲自为这部书撰写了序言，还为它赐名《永乐大典》！

《永乐大典》被《不列颠百科全书》称为"世界有史以来最大的百科全书"，成为中国古代文化中响当当的世界名片。

明成祖觉得自己的功绩实在大，单是国内的人知道可不行，于是从1405年开始，先后多次派郑和带领船队下西洋，宣扬国威。近到东南亚，远至非洲东海岸，很多国家的使节都随郑和的船队来到大明，明朝在世界上的影响力空前巨大。

1424年，65岁的朱棣再次亲征鞑靼，回程时病逝于榆木川（今内蒙古多伦附近）。这位"马上皇帝"在位22年，缔造了著名的"永乐盛世"，有人据此认为他是明朝少有的有为明君；可也有人觉得他贪名好战、杀人如麻，是

金累丝镶宝石青玉镂空双鸾鸟牡丹簪

梁庄王墓

　　明仁宗的第九子朱瞻垍在明成祖时被册封为梁王，封国位于今天的湖北钟祥市。朱瞻垍比较短命，30岁时就因病早逝，谥号为"庄"，葬于封国。历史上，梁庄王墓经常被盗贼骚扰。2001年4月中旬至5月初，考古工作者对梁庄王墓进行了抢救性发掘。墓中的随葬品十分丰富，有金、银、玉、瓷、漆器等5300多件，其中金、银、玉器就有1400多件，数量仅次于明定陵，且工艺之精不遑多让，令人瞠目结舌。

　　墓中出土的这件金累丝镶宝石青玉镂空双鸾鸟牡丹簪长10.6厘米，重42.8克。簪子的中心部分用上等青玉雕琢而成，牡丹花和鸾鸟互相映衬。整件簪子将金、玉和18颗各色宝石结合在一起，工艺精巧，十分华贵。专家研究确认，簪子上的宝石都是郑和下西洋时带回的。这件珍宝目前收藏于湖北省博物馆。

彻头彻尾的暴君。其实,"充满争议"本来就是评价很多历史人物时的常见情况。对朱棣,你是怎么看的呢?

大明皇帝与蒙古的恩恩怨怨

明成祖之后的两位皇帝仁宗和宣宗都比较保守,他们任用被称为"三杨"的杨士奇、杨荣、杨溥,坚持的基本上是之前的治国方略,只不过在一些小地方进行微调。除了宣宗时期被迫镇压了汉王的叛乱外,两朝对内对外都很少用兵。事实证明,只要皇帝不折腾,国家还是很容易在既定轨道上发展的。这一时期,社会安定繁荣,百姓安居乐业,大明王朝继续保持盛世局面,被称为"仁宣之治"。

明宣宗的身体本来很好,可1435年正月,正值盛年(36岁)的他突然染上了不明之症,不明不白地就死了。好在他之前已经把儿子朱祁镇立为太子,虽然事发突然,朱祁镇仍顺利继位,成为明英宗。

明英宗继位时才9岁,什么也不懂。好在"三杨"还在,他们辅佐幼帝,维持了盛世。可慢慢地,随着明英宗越长越大,他开始对一个叫王振的太监宠幸有加,甚至把批阅奏章的权力都交给了他。"三杨"死后,王振的权力就更大了。

据说明朝初建时,明太祖朱元璋吸取前朝教训,专门做了块铁牌挂在宫门上,上书"内臣不得干预政事,犯者斩",严禁宦官干预朝政。可现在,一朝天子一朝臣,太祖的敕命铁牌也挡不住明英宗对王振的专宠。王公大臣们也不敢惹王振,都奉承他为"翁父"。

这时,北方的瓦剌实力大增,经常骚扰边境。1449年,瓦剌首领也先联合蒙古各部又来侵犯。按说作为皇帝,明英宗只需要坐镇京城指挥就行了,可从没带兵打过仗的王振很想"蹭"点儿军功,就竭力怂恿明英宗亲征。明英宗也很想过一下策马疆场的瘾,很快就被说动了。他把两岁的皇子朱见深立为太子,然后拼凑了20万将士,御驾亲征。

出发之后,明英宗才郁闷地发现,打仗全不像自己之前想象的那么"浪漫"。且不说一路上的鞍马劳顿,光是前线尸横遍野的惨状就让他魂飞魄散了。他几乎没怎么犹豫便决定撤军。

本来,从大同回北京也花不了太长时间,可这时王振又出了个馊主意。王振的老家在蔚州(今河北蔚县),他想:

"我现在混得这么好，要是这次能顺便带皇帝回老家一趟，那多风光啊！"于是，在王振的建议下，浩浩荡荡的明军竟然开始向蔚州进发。没想到的是，没走出多远，王振竟然再次改变主意。他不知道哪根筋搭错了，忽然"良心发现"，担心大军会踏坏老百姓的庄稼，就让明军还按照原路撤军回京城。

明英宗和几十万明军就这样被王振像提线木偶一样牵来扯去，一会儿往东，一会儿往西，游移不定。如果是外出旅游也就算了，顶多多花点儿车马费，可在战时情况就完全不同了。瓦剌军队早就瞄上了这支明军，他们加速追击，在距离北京城只有 50 千米的怀来一带的土木堡，将磨磨蹭蹭的明军团团包围。

如狼似虎的瓦剌军队向明军发起猛攻，很快将明军击溃。王振死于乱军之中，明英宗成了俘虏。这就是"土木之变"。瓦剌军队在进攻之前并没料到明军里竟然有大明皇帝这样一条"大鱼"，这下早就有心再次南下、重塑"大元辉煌"的也先喜出望外，很快集结军队，包围了北京城。谁也没想到，才过了短短一个月时间，繁荣昌盛的大明王朝竟然面临亡国之危了。

于谦与"北京保卫战"

面对来势汹汹的瓦剌铁骑，很多大臣乱作一团，建议向瓦剌求和，但兵部侍郎于谦等人坚决反对。因为太子还小，他们就紧急拥戴英宗的弟弟朱祁钰即位（明代宗），改年号为景泰，解决了"国不可一日无君"的头等大事；同时积极加强北京城的防卫，还急令驻守在南直隶、河南、山东等离京城较近之地的明军火速"勤王"。

1449 年 10 月，双方军队发生激战，于谦身先士卒，北京城的军民备受鼓舞，奋勇杀敌。各地的明军也陆续赶到，竟然一起击退了瓦剌军队，取得了北京保卫战的胜利。

于谦本是个文臣，却比很多久经沙场的武将还有英勇气概。在国家危亡的紧要关头，他挺身而出，几乎是靠一己之力挽救了大明，实在令人感佩！

瓦剌败退后，也先见明朝已经立了新皇帝，自己手里的俘虏明英宗已没什么用处，就把他放回了明朝。这下，麻烦事来了——谁当皇帝合适呢？

明代宗临危受命才坐上了本属于哥哥的皇位，按说现在正主回来了，皇位应该还回去。可有了皇帝这种"人生的终极体验"之后，他当然不愿意拱手相

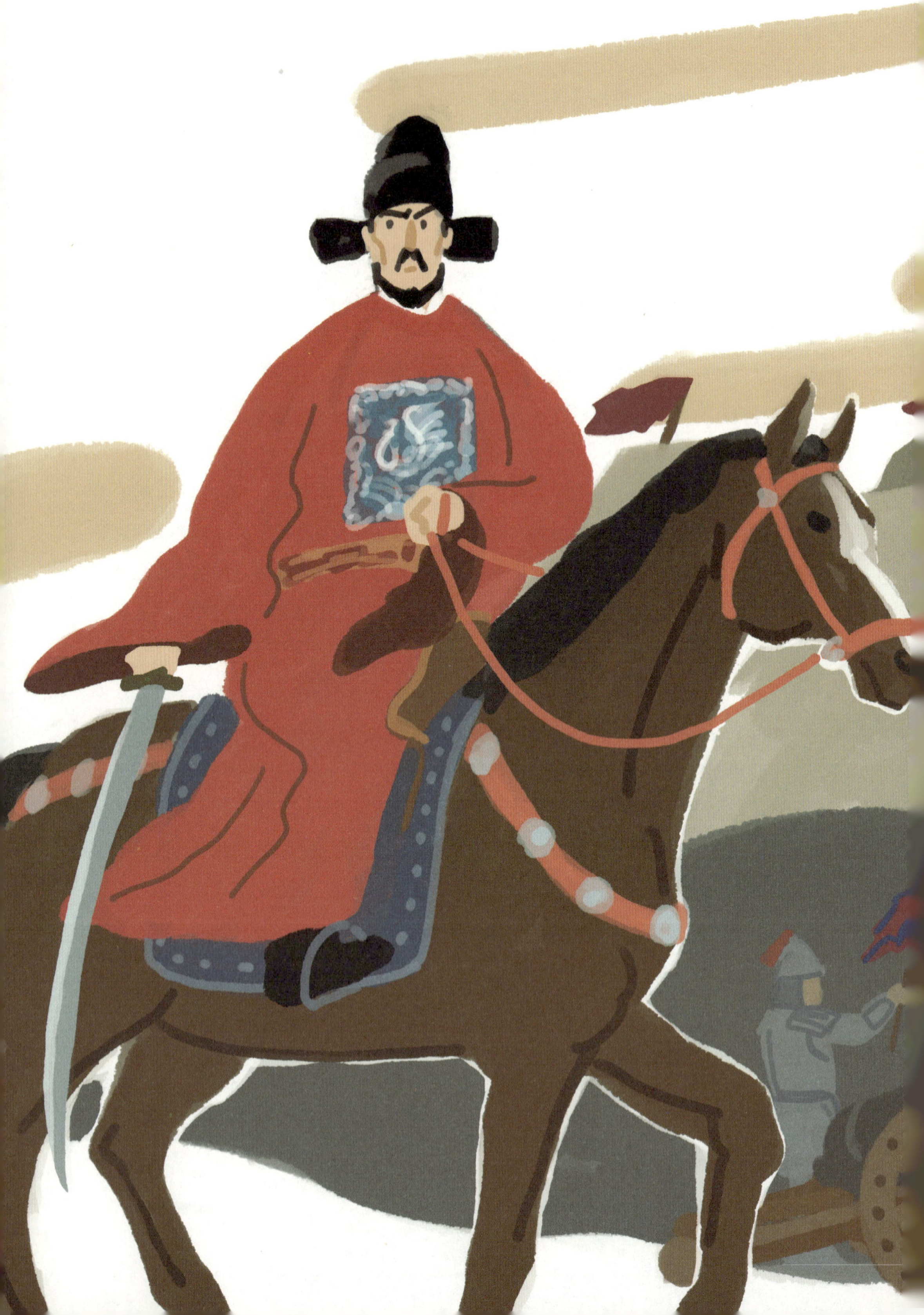

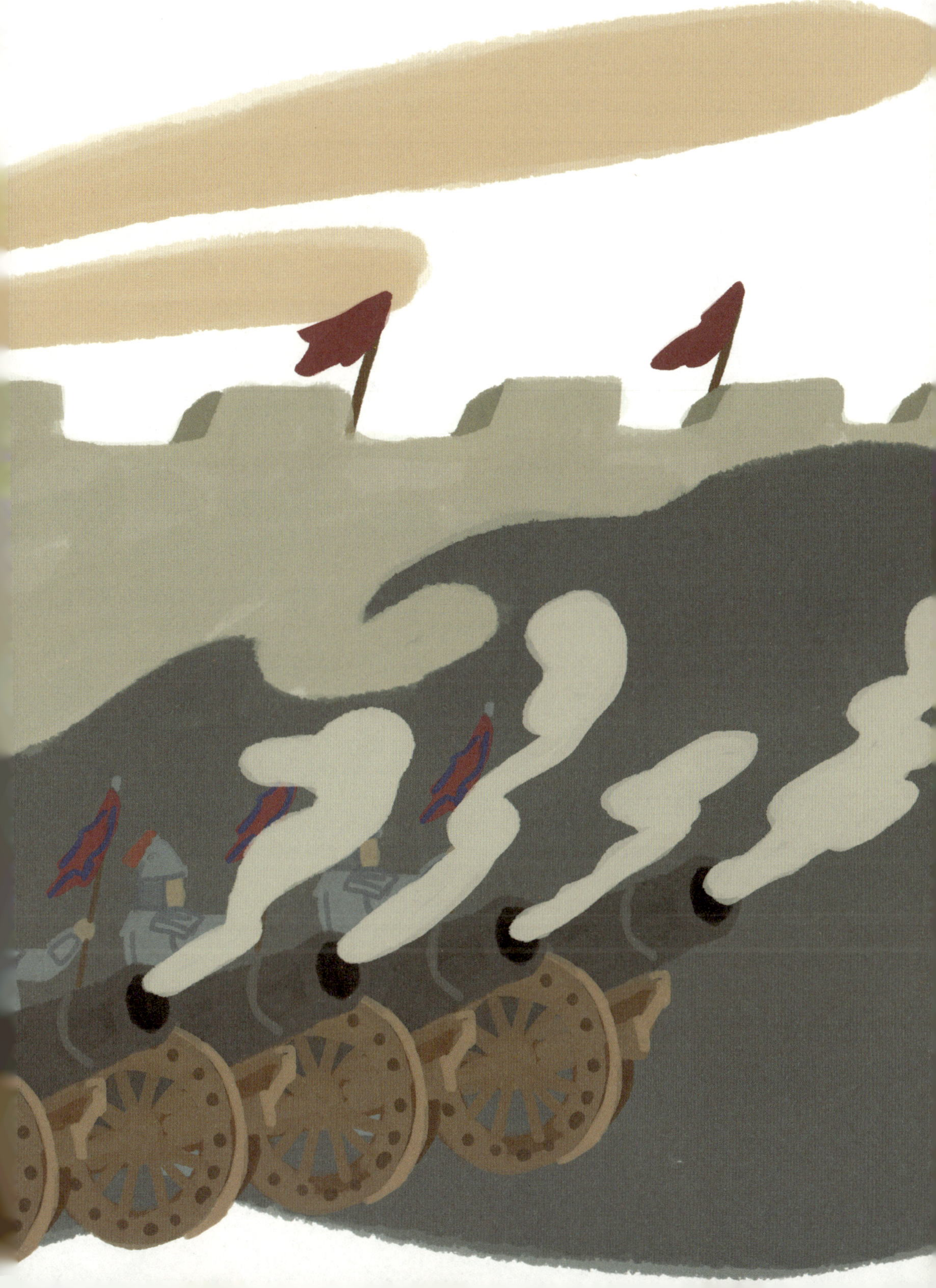

让。明英宗回来后,明代宗根本没提还皇位的事儿,只是称他为太上皇。名义上挺尊敬,实际上却把明英宗软禁在南宫里,甚至还将大门上锁灌铅,严加防范。不仅如此,他还废掉了原来的太子朱见深,打算将来让自己的儿子继位。

1457年,曾经发生在明宣宗身上的奇怪事情再次发生了!同样是刚进入正月,同样是毫无预兆,正值壮年(30岁)的明代宗突然得了重病。

一天夜里,几个很会投机的大臣见机会难得,经过密谋连夜撞开了南宫的大门,把被关了整整7年的明英宗接了出来,拥立他复位。就这样,明英宗重新当上了皇帝,也由此成了明朝唯一一个当过两任皇帝的人。

明代宗很快被废,在重病中死去。明英宗下令按照诸侯王的礼制将他下葬。直到后来的皇帝恢复明代宗的皇帝名号,才把其"王陵"升级为"帝陵"。这就是景泰陵不在十三陵中的原因。

此后,明英宗开始秋后算账,报复当初拥立明代宗的大臣们,甚至杀掉了大功臣于谦。明英宗又在皇帝的位子上坐了8年才去世,让自己的儿子继了位。

明英宗和明代宗时期,明朝已经开

始呈现出衰败的态势。尤其是经过"土木之变",明朝对北方少数民族政权的态度直接从之前的进攻改为防守。

因为国力有限,无法全面防守,明朝不得不开始大规模修筑长城,并在地势险峻的关键地点修筑关隘,如山海关、居庸关、平型关、雁门关、嘉峪关等,希望用长城把少数民族的骑兵挡在外面。

载浮载沉的大明王朝

明英宗去世后,继任的几个皇帝能力时强时弱,政策变来变去,明朝就随之浮浮沉沉,一直没能重新积聚起强大的国力,实现彻底的复兴。

在明英宗之后继位的明宪宗在位23年,除了前几年,几乎算得上一个不折不扣的昏君。他懒得管理朝政,就把事情都交给自己宠信的宦官汪直等人去办。这些人利用掌管的西厂迫害百官,搞得朝政乱成了一锅粥。

明宪宗之后继位的明孝宗倒是挺有才干,他早已看不惯宪宗时的腐败局

面,所以一上任就励精图治,整顿朝政,起用有才干的人帮助自己治国。他在位的弘治年间,是明朝少有的经济繁荣、百姓安居乐业的和平时期,被称为"弘治中兴"。

如果明孝宗能够多活几年,或许能扭转局面。可他体弱多病,又过于勤勉,常年高负荷工作,彻底熬垮了自己的身体。1505年,年仅36岁的明孝宗因病去世,由自己的儿子朱厚照继位,史称明武宗,年号为"正德"。

之前的明宪宗虽然昏庸,但与明武宗比起来,就真是"小巫见大巫"了。

说起来,明武宗幼年时非常聪明,原是棵好苗子。可谁也没想到,这棵好苗子后来竟然生生地毁在了一群太监的手里。

明武宗还在东宫当太子的时候,负责伺候他饮食起居的那些太监就开始想尽办法引逗他玩乐。那群太监以刘瑾为首,一共8个人,号称"八虎"。他们不断向太子进献各式各样的新奇玩意儿,讨太子开心。鹰犬、歌舞、角抵(类似摔跤)……真是应有尽有!太子那时还未成年,觉得玩这些可比学治国的学问轻松多了,逐渐乐此不疲。时间长了,人们暗地里都把东宫称为"百戏场"。

明武宗即位后,"八虎"跟着鸡犬升天。他们一面继续哄着皇帝玩,一面利用锦衣卫、东厂等特务机构打压正直的大臣,把朝廷搞得昏天黑地。北方的鞑靼见明朝朝政腐败,连年进犯。国内,安化王、宁王等藩王见有机可乘,纷纷叛乱;老百姓们活不下去,也不断起义。

对于这些,明武宗全然不顾。"八虎"不断开动脑筋、创新思路,明武宗的玩法也越来越离谱。他先是在宫中模仿街市的样子建了许多店铺,让太监扮作老板、百姓,自己扮作富商,来回游走取乐。后来他又下令营建了规模巨大、结构复杂的"豹房",在那里纵情玩乐,经常几十天甚至几个月不回紫禁城办公。他甚至还把镇守边关的军队调到豹房操练,荒唐的程度堪比西周的亡国之君周幽王。

1518年,朝中大臣们接到一道圣旨,命"总督军务威武大将军总兵官朱寿"率军出征边关。大家听了,先是觉得这名头可真够大的,但很快又都一头雾水:"'朱寿'是谁?怎么从来没听过这位老兄的名字呢?"明武宗在圣旨中还加封朱寿为"镇国公",并要求户部每年给他发俸禄——禄米5000石。

经过好一番折腾,大家才搞清楚,原来这"朱寿"不是别人,正是明武宗自己。皇帝自降身份,拜自己为大将,还要朝廷发工资,能上演这样脑洞大开的戏码,明武宗真算是空前绝后第一人了!

俗话说:"常在河边走,哪能不湿鞋?"为了玩乐,明武宗最终把命也搭了进去。1520年,明武宗"南巡"(实际上是去游玩)归来,从清江浦(在今江苏省淮安市)过长江时,见那里风景优美,就打算过把渔夫打鱼的瘾。

明武宗于是自己独自驾着小船到江上捕鱼,一网下去,收获颇丰。可渔网实在太重了,他拼尽全力往上拉,结果小船竟然失去了平衡,翻了个底朝天。明武宗"扑通"一声落了水。

明武宗自小在北京长大，是个不折不扣的"旱鸭子"。虽然他第一时间被随从们救了上来，可也着实呛了几口水。再加上受到了很大惊吓，明武宗的身体之后就一天不如一天了。

好不容易熬过了年关，明武宗开始重病不起。1521 年 4 月，年仅 31 岁、在位 16 年的明武宗驾崩于豹房。临死之前，他才有所反省，对周围的人说："前事皆由朕误，非汝曹所能预也。"（之前的事是我做错了，不是你们所能干预的啊！）带着临终的悔悟，他结束了荒唐的一生。

明武宗一辈子只顾玩乐，并无子嗣。他死后，他的堂兄弟继承了皇位，史称明世宗。明世宗在位时年号为嘉靖，因此也被称为"嘉靖皇帝"。

嘉靖皇帝在位初期还比较有作为，可没多久他就迷恋上了求仙问道，大修宫观，后期更是 20 多年不上朝。严嵩等人趁机专权，贪污腐败，搞得明朝危机四起。边疆上，北边的鞑靼问题没解决，南部沿海一带又添了新麻烦——倭寇。

倭寇是当时的日本海盗，他们与中国东南沿海一带的海盗勾结起来，侵扰百姓。明朝初年，倭寇就已出现，但问题并不严重。到嘉靖时期，倭寇的势力越来越大，甚至成了和鞑靼相当的大祸患，合称"南倭北虏"。

为抗击倭寇，明朝将领戚继光在浙江义乌一带招募农民和矿工，组成了著名的"戚家军"。他们作战勇敢，与另

读点儿古诗文

万人一心兮泰山可撼，惟忠与义兮气冲斗牛。

主将亲我兮胜如父母，干犯军法兮身不自由。

号令明兮赏罚信，赴水火兮敢迟留？

上报天子兮下救黔首，杀尽倭奴兮觅个封侯。

——戚继光《凯歌》

大意 只要咱们戚家军万众一心，就能够撼动泰山。只要我们守住忠诚和仁义，气势就可冲破天空。将领们对待下属就像父母对待自己的孩子一样亲，可一旦有谁敢犯军法，就会严惩不贷。只要号令、赏罚严明，将士们就算赴汤蹈火也毫不迟疑。我们报天子之恩，拯救百姓，杀尽倭寇，拜将封侯！

一位抗倭名将俞大猷一起，屡立战功。1561年，戚家军在台州九战九捷，取得了抗倭战争的决定性胜利。

明朝花了十几年时间，才在嘉靖帝去世前几年彻底荡平倭寇，但也耗费了巨大财力。倭患也使本来经济富庶的沿海一带遭到了沉重打击。本就已经不堪重负的明朝，更加变得左支右绌。

1567年1月，在位整整45年的嘉靖皇帝去世，明穆宗即位。此后，在名臣张居正的主持下，明朝实行一系列改革，取得了不小成效，使国家出现了短暂的振兴，不过也只是昙花一现罢了。

走向末路的大明王朝

1582年，改革家张居正病死。此后，在明穆宗之后即位的明神宗开始彻底"放飞自我"。

在当皇帝的后30多年里，他对朝政的懈怠简直到了无以复加的地步——不出宫门，不上朝，不接见大臣，不批阅奏折，甚至连祭祀祖先、拜祭天地之类的重大礼仪活动也不出席了。当时，朝廷等级最高的官员是内阁大臣，可一些内阁大臣入阁多年，却连皇帝长什么样都不知道。

明神宗的年号是万历，人们干脆编了句顺口溜"万历万历，万事不理"，实在是够贴切！

皇帝是这个样子，国事如何也就可想而知了。

朝廷内部党派林立，实力较大的有东林党、宣党、昆党、齐党、浙党等，彼此攻讦，乱作一团。各地的起义也接连不断。

为了镇压起义，朝廷新增"剿饷"（为镇压起义军筹措军费）和"练饷"（镇压起义军的练兵费用）。赋税加重，老百姓活不下去，又纷纷起义，由此形成了恶性循环。

延 伸 阅 读

万历皇帝为什么"懒政"？

万历皇帝在位中后期十分"懒政"，后人因此对他大加指责。不过也有一种说法，认为万历皇帝之所以变化这么大，是因为他晚年患上了很严重的腿病。

1957年，对定陵进行发掘时，考古工作者发现万历皇帝的遗骨姿势有些不寻常：右腿弯曲，左腿伸直，两脚并没有并在一起，而是向外撇开的。乍看上去，仿佛一条腿长、一条腿短的样子。

根据这一点分析，万历皇帝不上朝、不见人，甚至连重要仪式也不出席，的确可能与身体上的疾病有关系。毕竟在那个时代，作为天下至尊的皇帝，如果以这样的形象示人，心理上恐怕很难接受。至于真相究竟如何，估计没人能够知晓了。

这时，位于辽东的后金（清朝的前身）趁机迅速崛起。他们先征服了已经在走下坡路的鞑靼，接着不断攻击明朝。明军无力抵挡，屡吃败仗。辽东的战事每年要耗费400多万两白银，国库里没钱，朝廷只好又加征"辽饷"，更是搞得民变四起。

1620年，穷途末路的万历皇帝终于顶不住压力病倒了，几个月后死于宫中。

正所谓"破屋更遭连阴雨"，本来国家在万历皇帝的手里已经变得千疮百孔，接下来的两任皇帝却让局面变得更加无药可救。

在明神宗后当上皇帝的明光宗性格孤僻，身体也不大好。他在位不到一个月，还没来得及发光发热就猝死了。紧接着登基的是明熹宗，这位皇帝在爱玩、不务正业等方面，差不多是明武宗的翻版。

明熹宗最大的爱好是做木工，做出来的东西连那些专业木匠也难以匹敌。当时宦官魏忠贤受宠，权力很大。他看准明熹宗痴迷于这个"业余爱好"，总是挑他做木工的时候去奏事。明熹宗急着做活儿，听得不耐烦，总是随意地说："知道了，知道了！你看着办就行！"

时间久了，朝政逐渐被以魏忠贤为首的"阉党"掌控。魏忠贤更是被称为"九千岁"，权势如日中天。阉党怂恿明熹宗罢免了主持辽东战事的名将熊廷弼，后来又将他杀害，使辽东战局陷入不可收拾的局面。

1625年，明熹宗在西苑游玩，喝了酒之后非要坐小船到深水区荡舟。结果一阵大风刮来，直接把船吹翻，明熹宗落入水中。虽然他被及时救了上来，但由此落下了病根，终致卧床不起。

第二年，位于北京内城西南的明朝兵工厂王恭厂一带又发生了一次大爆炸。一声巨响之后，到处都是纷纷落下的砖石。据统计，死伤者达两万多人。当时明熹宗正在吃早餐，被爆炸声吓得躲到了书案下才幸免于难。

可无比诡异的是，爆炸的中心却安然无恙。这次灾难是火药库爆炸引起的，还是发生了地震？这两种说法似乎都很难解释得通。放到现在，可能很容易调查清楚，可在当时人们实在难以理解，最终只好依据惯例归咎于天，认为是为政者无道，搞得天怒人怨才降下了灾祸。

既然这样，作为上天在凡间代言人的"天子"明熹宗自然难辞其咎，不得不下了"罪己诏"（相当于我们做错事写的公开检讨）。

经过轮番打击，明熹宗实在扛不住了，于 1627 年驾崩。于是，明朝的最后一位皇帝明思宗，也就是崇祯皇帝，登场了。

崇祯皇帝继位时，大明王朝内忧外患，已然病入膏肓，无药可救了。可他不甘心，拼命想要挽狂澜于既倒。他勤于政务，整顿政治，尤其是铲除了引起巨大民愤的阉党，收到了短暂的效果。

金累丝嵌白玉鱼篮观音簪

白衣寺塔

该塔位于甘肃省兰州市城关区庆阳路白衣寺内，修建于明崇祯四年（1631 年）。1987 年，兰州市政府在对此塔进行维修的过程中，在塔刹和顶层塔身中发现了一批珍贵文物，有佛经、供养人像、鎏金铜佛像等。

文物中有两件观音造像簪，这件金累丝嵌白玉鱼篮观音簪就是其中之一。它高 6.5 厘米，重 57.5 克，由金器包裹住白玉雕像构成。金器底部为莲座，是先用极细的金丝编成莲瓣，再焊接成型的，周围镶嵌珍珠、红宝石。整件簪子工艺复杂，造型精美，展现出明代工匠高超的技术。它是国家一级文物，现收藏于兰州市博物馆。

或许是由于肩上的担子实在太重，又急于求成，崇祯皇帝变得越来越多疑。当时主持辽东战事的是名将袁崇焕。崇祯皇帝先是赐他尚方宝剑，让他"放手去干"；可过了一段时间，又对他横加猜忌，最后中了后金的反间计，将袁崇焕杀死。袁崇焕一死，明朝再也无人能够抵挡后金的军队，只能靠着长城勉力支撑。

后金这一外在的最大威胁还没解决，国内又乱了套。当时，失去土地的农民越来越多，他们只能给地主当佃农，过着朝不保夕的生活，甚至大批沦为"流民"，背井离乡，到各地讨生活。后来，连年饥荒让他们再也活不下去了。由于陕北一带土地贫瘠，规模宏大的农民起义首先在这里爆发了！

其中，"闯王"李自成领导的起义军影响最大。他提出"均田免赋"的口号，准确地击中了老百姓的痛点，受到广泛的拥护。当时到处都流传着歌谣："杀牛羊，备酒浆，开了城门迎闯王，闯王来了不纳粮。"

起义军在全国各地流动作战，经过十几年，不但没有被官军剿灭，队伍反而越来越壮大。1641—1643年，在李自成和另一位起义军领袖张献忠的领导下，起义军进展顺利，先后攻下洛阳、武昌、西安等大城市。

1644年年初，"闯王"李自成认为大局已定，便在西安建立"大顺"政权，然后全力向北京进军。一路上，明军望风而降。3月，起义军猛攻北京城，城内守军纷纷投降。崇祯皇帝见大势已去，不愿意逃走，就在紫禁城北门外的煤山（今景山）上自缢而死，曾经繁盛一时的明朝就此灭亡了。

根据以往王朝更替的经验，之后大顺政权很可能取代明朝统治中国。可这时，一个关键人物的出现彻底改变了历史的走向。

在大顺军北进的时候，崇祯皇帝见局势不妙，急令镇守辽东的吴三桂等将领放弃辽东，撤回北京。吴三桂没料到大顺军会如此神速，他刚带兵进入山海关，就听到了北京城破、皇帝自缢而死的消息。

一道二选一的选择题就这样摆在了吴三桂面前：要么投降大顺政权，继续抵抗清军（1636年，后金改国号为"清"）；要么打开关口，迎清军入关，和大顺政权对抗。

吴三桂是汉人，按理说第一个选项自然是首选。可李自成被几年来一连串的胜利冲昏了头脑，把吴三桂的家人扣

"闯王"李自成

为人质，打算与他谈判，态度很不客气。而清军却积极和吴三桂接头，许下了很多好处。吴三桂最终决定倒向清军。

4月，吴三桂将清军放入山海关，两军联手对付大顺军。李自成大败，手下仅剩下3万余人。他自知在北京已待不下去，就逃出了北京城。此后不久，清朝将首都从盛京（今辽宁沈阳）迁到北京，正式取代明朝，成了统治全中国的正统王朝。

李自成带领军队离开北京后，四处转战，很快被清军扑灭。张献忠以四川为根据地坚持抗清，但没过多久也被镇压。北京城破之后，明朝的一些旧臣不甘心，先后在南方拥立了弘光、隆武、永历等南明小朝廷，但终究没能抵挡住清军，明朝彻底灭亡。

纵观明朝历史，农业在这一时期取得了较大发展，人口因此激增。据专家估计，万历年间中国的人口曾多达1.5亿！由于城市人口多，开始出现了符合他们口味的新型休闲类文学形式——长篇小说。中国的"四大名著"中，有三部都出自这一时期。

这时，一些总结性的科技巨著也大量出现，著名的有李时珍的医学巨著《本草纲目》、徐光启的农学巨著《农政全书》。明末著名科学家宋应星的《天工开物》更是包罗万象，被外国学者称为"中国17世纪的工艺百科全书"。

同一时期，世界的其他地方也在悄悄发生变化。随着"地理大发现"的到来，越来越多的西方传教士和新生事物进入中国，开始从各个方面影响中国和世界其他地区的交流。

"永昌大元帅"金印

江口明末战场遗址

自20世纪20年代开始，人们在四川省眉山市彭山区江口镇的岷江河道内不断发现金银文物。据记载，1646年，明末农民起义领袖张献忠的战船曾在这里遭遇伏击，大批载满金银财宝的船沉入江底。因此，当地一直流传着"石龙对石虎，金银万万五。谁能识得破，买断成都府"的歌谣。2005年之后，这一带又陆续发现了银锭、金册等文物。2016年，国家文物局批准对这里进行抢救性考古发掘。至2021年，考古人员经过5次发掘，先后出水了7万多件文物，取得了丰硕的考古成果。

不过，在考古过程中，也有一些不法之徒趁机进行盗挖。这枚"永昌大元帅"金印就是被盗挖的文物之一。它用黄金制成，边长约为10厘米，高8.6厘米，重3.2千克，印面用篆书写着"永昌大元帅印"6个字。印钮是一只立虎，虎口大张，虎尾向上卷曲，造型生动，看上去非常神气。这枚金印曾被文物贩子以近1000万的高价卖出，后被公安机关追回。

江口明末战场遗址是明朝考古领域的重量级发现，2021年入选全国"百年百大考古发现"。

明朝人有话说

讲述人
姓名 小乙（衣）
身份 松江府棉纺作坊主

与过去相比，现在穿丝绸衣服的人越来越多了。虽然朝廷有规定，不准商人穿丝绸衣服，但很少有人在意。只要有钱，谁都可以穿着丝绸招摇过市。当然，这种高级货普通老百姓是消费不起的。

普通老百姓之前主要穿麻布衣服，透气性虽好，但不保暖。前朝——哦，就是宋元时期啦——出现了贴身、舒适又保暖的棉布，比麻布好很多，不过当时还比较少见。我朝太祖皇帝很有远见，认为种地不能只种吃的粮食，所以登基后下令农民的土地必须拿出一部分种棉花、桑树等经济作物。棉花的产量因此越来越高，棉布衣服自然越来越常见了。现在，人不分贵贱，都可以穿棉衣了！

讲述人
姓名 小史（食）
身份 宜兴县劝农官

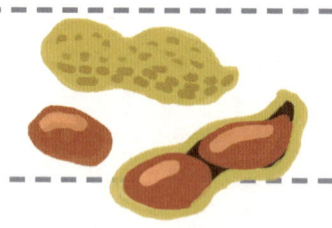

说起吃的东西，我隐隐约约觉得这几十年发生了一件怪事，那就是不断有新奇的农作物品种出现。简单数一数就有10多种，比如玉米、番薯（甘薯）、花生、辣椒、烟草、马铃薯、木瓜、番茄、南瓜、向日葵、菠萝……这些东西我之前可从来没见过！

对我们有什么影响？那还用说，影响太大了！尤其是玉米、番薯和马铃薯，这些东西很耐旱，在较贫瘠的田里也能生长，产量还特别高。比起过去只有小麦、高粱、稻米等主要作物，现在想填饱肚子相对容易些了。

这些东西虽然很多是从南洋传过来的，但据说原产地也不在南洋，而在很远很远的大洋尽头。对我们来说，那里简直就是一片"新大陆"！

讲述人	
姓名	小祝（住）
身份	徽州木材商

太祖在位时制定了各种制度，对不同的人住什么样的房子规定得尤其详细，甚至连房屋正门的颜色、盖房子用什么样的瓦、怎么装饰等都限制得死死的。不过，后来慢慢也就没人太较真了。

总的来说，现在的房子价格不贵，中等水平的家庭一般都有能力盖所不错的宅院。这时候最流行的住房屋顶样式是"卷棚顶"。因为它看上去像元宝，所以俗称"元宝顶"。这种屋顶线条流畅，看起来很舒服。

我们这时候住宅的卧房、客房、厨房等分工明确，一些讲究的人家还有室内厕所呢！

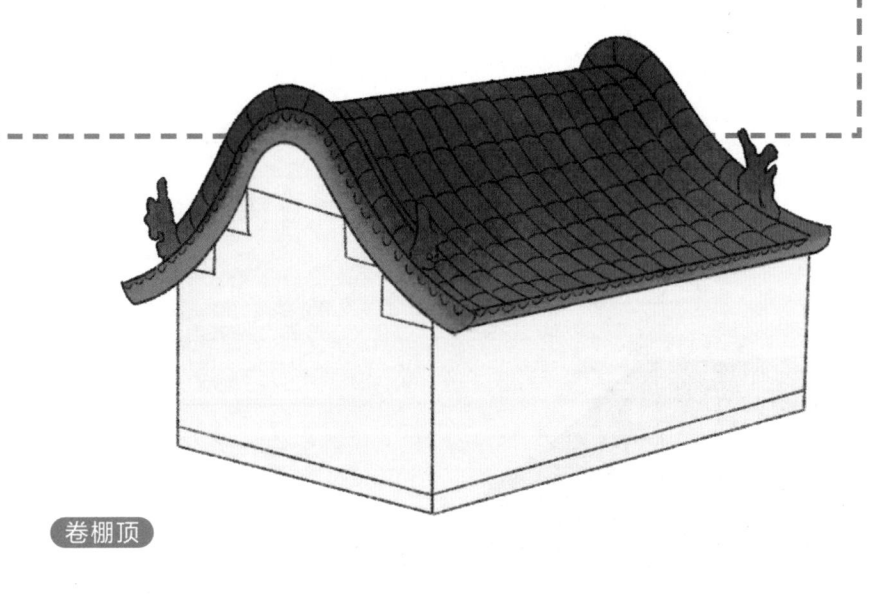

卷棚顶

讲述人

姓名 小兴（行）
身份 黄淮运河漕工

现在，不管是人员流动还是运送东西，需求都比之前大多了。用车马走陆路，费力又费时。幸好我朝开国以来就很重视整治河道，形成了联络全国的京杭大运河。坐船的话，如果不逆风，理想状态下一天一夜顺水能走400多里；就算是逆风，一昼夜也能走上百里。走水路不但速度快，而且运量大，所以大运河几乎成了南北交通的"大动脉"。

毫不夸张地说，大运河还关乎大明的国运。1425年，仁宗皇帝突然病重，当时太子正在南京巡视，接到消息后马上急匆匆地往回赶。据说正是因为走的是运河，他才及时赶回，顺利继承了大统。否则，还不知道会闹出什么大乱子。

讲述人		
姓名	小永（用）	
身份	国子监祭酒张老爷书童	

这些年，我家老爷年纪大了，眼睛也花了。其实他们这些读书人因为常年用功，眼神儿不济的人挺多的。之前只能趴得近一点儿，现在好了，用"叆叇"（ài dài）的人开始多起来。据说这东西宋朝时就有了，不过相当贵，别说用了，连见过的人都不多。

"叆叇"也叫"眼环""读书石"，从这两个名字就可大致猜出它的样子了。它用玳瑁之类的东西做成外框，内置薄而透的镜片。平时看书的时候戴上"叆叇"，本来很模糊的字一下子就变得特别清楚了。你说神奇不神奇？

明代画家仇英的《南都繁会景物图卷》中就有一位戴黑边眼镜的老人，从外形看，其眼镜已经和现代的眼镜相差无几了。

全玳瑁活节直腿眼镜

这副眼镜是明代万历年间的遗物，做工精致，收藏于上海眼镜博物馆，是该馆的镇馆之宝。

讲述人	
姓名	小宛（玩）
身份	西安府"悦来客栈"伙计

现在兴起了一股"旅游热"。从王公大臣到普通百姓，都热衷于到处游玩。外出游玩时，如果有关系，能弄到官府发的"介绍信"，就可以到沿途的驿站借宿或吃饭，但条件一般不是特别好。

愿意自己花钱的话，就有各种档次不同的旅店可供选择。各地都有旅店，一些热门的旅游区更是旅店林立。旅店为了争夺客源，还会推出歌舞表演等特色服务，基本上是吃喝玩乐"一条龙"。

如果事不凑巧，该歇宿时错过了旅店，也可以到寺庙或普通人家里借宿。当然，主人家热不热情、提供的饭菜和住处如何，就只能靠运气了。

很多文化人还喜欢把自己的旅游见闻写下来，写得好的会被人们当作"驴友指南"。有个叫徐霞客的人，写的游记尤其有名。他的手稿被争相传阅、抄录，后来整理印刷后更是成为畅销书。

第三部分：
中国古代年号文化

震惊世界的定陵是明朝第13位皇帝明神宗朱翊钧的陵墓，他在位48年，是明朝在位时间最长的皇帝。明神宗在位期间，一直使用"万历"作为年号，所以又被称为"万历皇帝"。如果论起知名度，"万历皇帝"比"明神宗"更高一些。

有人或许会问："唐太宗时出现了'贞观之治'，元世祖开创了'至元之治'，其中'贞观'和'至元'也都是年号，他们为什么没被称为'贞观皇帝'或'至元'皇帝呢？"要搞清楚这个问题，我们就需要了解一下"皇帝年号那些事儿"了。

"天降祥瑞"催生年号

年号是中国古代用来纪年的一种名号。不过，年号并不是从朝代一出现就有的，中国历史上的第一个年号由汉武帝创立。公元前122年，汉武帝在野外打猎放松时，意外地捉到了一只"一角而足有五蹄"的异兽。

要是放到现在，人们肯定会说："没什么，这只野兽只是发育畸形而已！"可在当时，人们觉得这稀罕物是上天降下的"祥瑞"，是件不得了的大事！所以汉武帝为了纪念这件事，就定下"元狩"作为年号。公元前122年就是"元狩元年"。后人非常熟悉的年号就此闪亮登场了。

"等等，不对吧？我看很多书上都说，在这个年号之前，汉武帝还使用过'建元''元光''元朔'这3个年号啊！"实际上，这3个年号是有了"元狩"之后才向前追记（补记）的哟！

那么，年号没有出现之前，是怎么纪年的呢？简单说来，就是用帝王或诸侯即位的年次来纪年。如公元前425年，周威烈王继位，那么当年就是"周威烈王元年"了。这种纪年只有年数，没有年号。

汉武帝当了50多年皇帝，换了很多个年号。他死后，大家觉得这样纪年挺方便的，于是用年号纪年的办法就沿用下来，成了此后历朝历代的惯例。所以，具有首创精神的汉武帝是当之无愧的"年号之父"。

选年号和改年号的艺术

通常，新皇帝继位都会定一个新年号，以表示新朝气象。比如，某位皇帝即位后定年号为"长平"，其在位的第一年就叫"长平元年"，此后就是长平二年、长平三年，以此类推。有时候，皇帝在任上遇到了大事，比如天降祥瑞征兆或者发生了大地震、大旱灾之类不好的事，也会改年号，以表示纪念或者祈福。

670年，位于今天云南一带的吐蕃兴盛，攻占了唐朝的一些地盘。同年，关中地区遭遇大旱。当时的皇帝唐高宗觉得实在不顺，就在当年3月把年号"总章"改为"咸亨"，寓意"万事亨通"。

当然，并不是什么字都能够用来作年号的。年号要供全天下来纪年，相当于皇帝的"脸面"，所以一般都会选用比较吉祥的、和天象相关、叫起来又响亮的字眼，"天、元、大、永"之类最受欢迎，其中尤以有"君权神授"意思的"天"字使用频率最高。

总的来说，年号以两个字的为主，不过也有特例。西汉建平二年（公元前5年），哀帝为了祈福，把年号改成了四个字的"太初元将"（仅用了3个月）。后来，三四个字的年号就不时出来刷一下"存在感"。与宋朝并立的西夏甚至还出现了"天授礼法延祚""天赐礼盛国庆"这样的年号，创下年号的字数之最。

由于古往今来的皇帝实在太多，每

个皇帝通常又都有好几个年号，而符合标准的"好字"又有限，所以组合来组合去，新换的年号便不免和之前朝代的年号"撞车"，有时甚至还会和本朝的年号重复。

比如，唐高宗和唐肃宗都使用过"上元"这个年号；元朝时，元惠帝为了表示向世祖看齐、重回盛世的决心，曾把年号"元通"改成了元世祖时的"至元"。"建元"这个年号因为威武霸气，在历史上先后被使用过5次，荣膺"史上最热门年号"的称号。

北宋初年，宋太祖赵匡胤曾使用"乾德"作为年号。乾德三年（965年）的一天，他在宫里浏览自己统一天下过程中缴获的"战利品"，无意中发现一面很旧的铜镜，背面竟然写着"乾德四年铸"！

面对这面"来自未来的镜子"，赵匡胤一头雾水，赶紧找来宰相赵普问是怎么回事。结果，文化水平不高的赵普也说不出个所以然。后来，一直问到大学者窦仪才搞清楚：原来40多年前，以成都为中心建立的前蜀国也曾用过"乾德"这个年号，这面镜子就是前蜀时制造的。赵匡胤佩服得不得了，感慨道："看来宰相还是得用文化人啊！（作相须读书人！）"于是更加坚定了"抑

前蜀钱币"乾德元宝"

乾德元宝是五代十国时前蜀国的钱币，钱文有隶书和真书两种字体，材质也有铜、铁两种。"乾德"是前蜀国后主王衍的年号，共使用了6年（919—924年）。925年，前蜀被后唐攻灭。

武重文"的治国思路。

"年号之父"汉武帝在位时共用了11个年号，时间间隔也很规律，即每六年或四年换一个。很多皇帝和他一样，也喜欢换年号。唐高宗李治用了14个年号，刷新了当时的纪录。不过，他的皇后、中国历史上唯一的女皇帝武则天则"百尺竿头，更进一步"。为了给自己当皇帝找依据，她在自己掌权的21年时间里换了17个年号，荣膺"历史上年号最多皇帝"的光荣称号。

从"一帝多号"到"一帝一号"

不过，从明朝开始，出现了一个奇怪的现象：皇帝忽然"不喜欢"换年号了，不管在位多久，基本上都只有一个年号，做到了"一帝一号"。

说起来，这个变化要归功于明太祖朱元璋。朱元璋是平民出身，很务实。当皇帝后，之前皇帝装模作样和"天"交流的种种行为，比如去泰山封禅啦，迎奉祥瑞啦，都被他当作封建迷信抛到了九霄云外。对他来说，权力是自己争来的，不是上天白给的。

既然这样，换年号当然也就没有太大必要了：年号换来换去，除了给使用的人造成混乱，好处实在乏善可陈。于是，日理万机的"劳模"朱元璋就不再操心换年号的事儿了。他在位31年，只用了"洪武"这一个年号。看，人家就是这么自信！

当然，朱元璋之所以这么做，也和当时人们的认知发生变化有关系。简单来说就是，"朕是真龙天子""朕受命于天"那一套用来糊弄人的说辞越来越不好使了。当皇帝究竟是怎么一回事儿，大家心里都明白，没必要再玩儿这些"虚套"了！

明朝的历代皇帝都很维护朱元璋定下的"祖制"，见老祖宗都不讲究这个，也就有样学样，不再纠结，纷纷只用一个年号。这个不成文的"规定"就这样在明清两朝延续下来。

明朝之前，因为年号变化不定，所以人们在提到某位皇帝的时候，经常习惯用其死后被供奉时的"庙号"（比如汉文帝、唐太宗、宋高祖、元世宗等）来称呼他。毕竟不管他在位期间换了多少个年号，庙号是唯一的，不至于引起混乱。明朝后，因为"一帝一号"，所以人们就习惯用年号来称呼各位皇帝了，比如明朝的"天启皇帝（明熹宗）""崇祯皇帝（明思宗）"，清朝的"康熙皇帝（清圣祖）""乾隆皇帝（清高宗）"等。

从汉武帝启用第一个年号开始，一直到辛亥革命推翻帝制，中国历史上使用过的年号共有 720 个左右。这些年号包含的信息实在太多，多读读有关年号的故事，保你会有新发现哟！

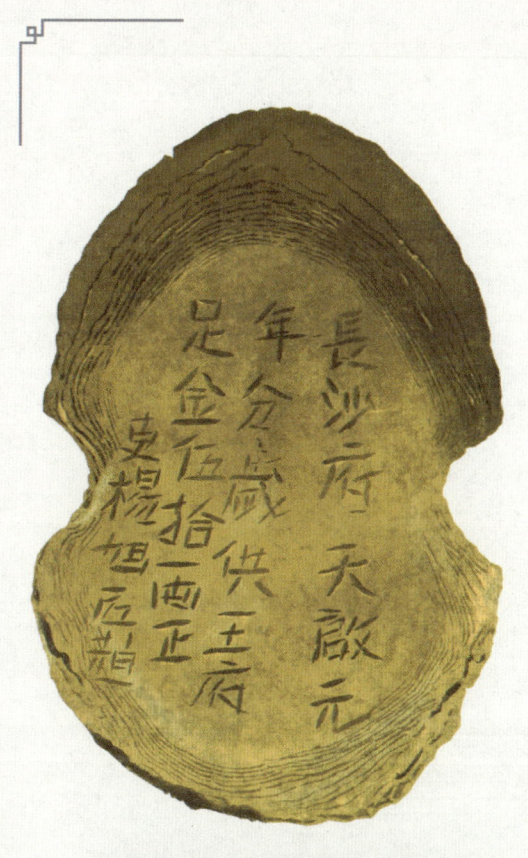

长沙府"岁供王府"五十两金锭

这件文物发现于江口明末战场遗址。金锭内錾刻铭文"长沙府天启元年分岁供王府足金五十两正吏杨旭匠赵"，其中的"天启元年"就是明熹宗继位的 1621 年。

公元 1636 年

公元 1911 年

公元 1636 年，皇太极改国号为"大清"，正式称帝，建立清朝。
公元 1644 年，清军打败李自成军队，清朝迁都北京。
公元 1661 年，康熙帝玄烨继位，"康乾盛世"开始。
公元 1673 年—1681 年，三藩之乱。
公元 1689 年，中俄签订《尼布楚条约》，约定了边界。
公元 1722 年，雍正皇帝继位。
公元 1793 年，英国马戛尔尼使团访华。
公元 1840 年，鸦片战争爆发，中国古代史结束。

第四章 清

开篇：
遗址发现

二十世纪七八十年代，江西景德镇珠山一带的施工人员在挖出的土里发现了不少瓷片。景德镇是"千年瓷都"，瓷片随处可见，所以人们也没太在意，继续往下挖。

可这一次，越挖瓷片越多。一些有经验的工人觉得这些瓷片的釉面并不常见，就捡起来查看，没想到竟然在其中一些瓷片上发现了明代的年号。

难道是挖到文物了？工人们急忙暂停施工，向文化部门报告了此事。专家很快来到现场，仔细辨认了瓷片上的落款，初步确定它们应该属于明代官窑的瓷器。等进一步把这些瓷片归拢起来后，人们又惊讶地发现，很多瓷片属于同一件瓷器，甚至可以大致拼出完整的瓷器。

史书记载，元朝时曾在景德镇设置"浮梁瓷局"，这是中国第一个官方瓷业机构。1369年，也就是明朝建立的第二年，朱元璋在景德镇设立"御器厂"，专门烧造御用瓷器。清朝建立后，康熙正式将这里定名为"御窑厂"。结合这些历史记载和考古发现，基本上可以确认这里就是明清御窑厂的遗址。

明清御窑厂的唯一"客户"是皇室，他们对瓷器的挑剔程度可想而知。明清时，这里曾聚集了当时最优秀的工匠、最优质的原料，生产各式瓷器。故宫现藏的瓷器中90%以上都出自御窑厂。考古专家们立刻兴奋起来，他们对这一带进行划片保护，开始着手进行发掘。

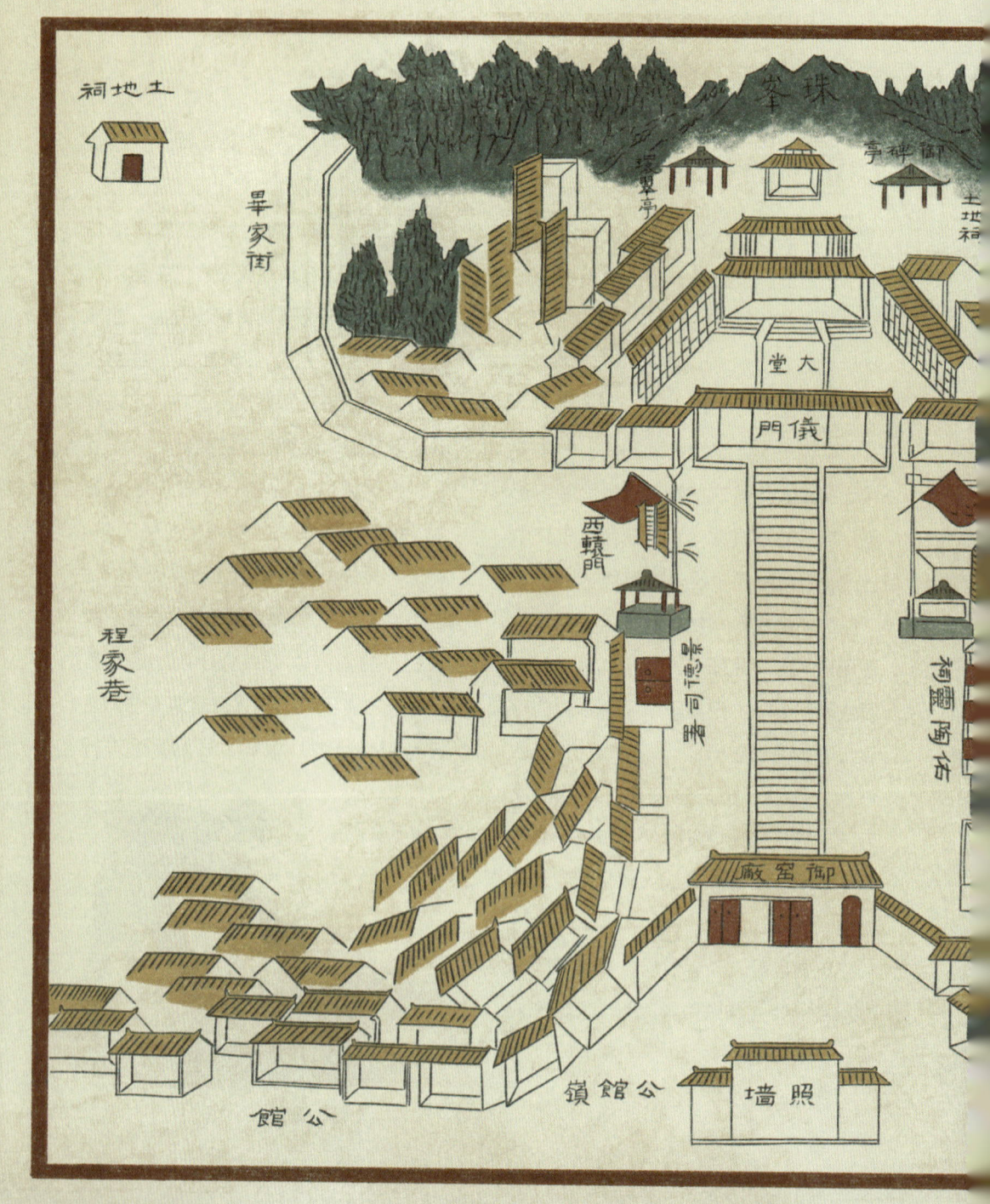

第一部分：
考古发掘

遗址概况

清代御窑厂平面图

景德镇御窑厂是我国烧造时间最长、规模最大、工艺最精湛的明清官办窑厂，代表了当时瓷器制造的最高水平。

注：《清代御窑厂图》原图中部分文字难以辨识，本复原图做了必要性的文字订正。

重点细节展示

从二十世纪七八十年代开始，考古人员对周边进行了多次细致的发掘，出土了大量瓷片。可是，随着时间的推移，考古工作越来越难推进。原因很简单，这里地处景德镇的核心城区，尤其是遗址正上方正好是景德镇市政府机关所在地。

根据史书记载，明清时期，皇帝曾专门派官员到景德镇监督御瓷的烧造。这种由皇帝直接派员管理偏远小镇的做法极其罕见，由此可以看出御窑厂的地位。那么，御窑厂究竟是怎么管理、运作的？遗址中有没有不为人知的秘密？

历史学家和考古专家们解开这些谜题的愿望越来越强烈。

对景德镇人来说，保护和开发这处重要遗址具有特殊的意义，既可以借此了解明、清两朝的制度，同时也可了解景德镇自身的历史。

得知这一情况后，经过短暂讨论，2002年年底，景德镇市政府机关整体搬迁。此后，在这一带划定遗址保护区，保护区内与文物保护无关的建筑物一律拆除。从此，御窑厂遗址的保护和利用进入了新阶段。

此后，考古人员放开手脚，加紧工作，先后清理出了明代初年御窑的北围墙、洪武、永乐时期的葫芦形窑炉，以及各时期落选御用瓷器埋藏坑和堆积层等遗迹。

其中，南麓遗址发现的15座属于明代中期的马蹄窑（馒头窑）尤其引人注目，窑前的工作面、窑门、火膛、窑床、烟道、排烟室、护窑墙等都保存得非常好。

御窑厂遗址中出土的遗物包括瓷器残片、窑具、制瓷工具等，其中瓷片的数量惊人，总计数十吨、数千万片！文物修复人员经过坚持不懈的努力，目前已经修复了1000多件瓷器，其中很多都是难得一见的珍品，有些甚至是全世界仅此一件的"孤品"。

瓷器修复流程

1.清洗、晾晒瓷片（准备工作）

2.挑选并分类（分类依据有色泽、图案、形状等）

为什么会有这么多瓷片呢？原来，御窑厂当年为了烧出一件满意的瓷器，往往会不计成本，几遍甚至几十遍地反复尝试，最后挑出最满意的一件。其他被筛掉的当然也不能流入民间，而要统统打碎，就地掩埋。

御窑厂的标志性建筑是龙珠阁，它就是现在的景德镇市标志的原型哟。如今的龙珠阁是一座仿古建筑，坐落在珠山之上，而景德镇千年的瓷业文明便是围绕珠山兴起的！

无怪乎如今留存于世的明清御用瓷器件件都价值连城。要知道，其中凝结了制瓷匠人多少心血啊！有人甚至断言：现存的明清御用瓷器，如果没有在景德镇御窑厂发现过其落选次品的碎片，那么其真实性就很值得怀疑。

对御窑厂范围的确定，也是考古发掘的重点。

考古人员先是在 2002 年至 2004 年在珠山北麓及南麓区域清理出了明代御窑厂的北围墙和西围墙遗迹，后又在遗址东北角一带发现了东围墙遗迹，由此基本确定了明代御器厂的边界，面积大约为 5.4 万平方米。

从考古发掘来看，明代初年时御窑厂的范围最大，到清代时，范围逐渐缩小，北围墙向南移到了珠山脚下。

御窑厂为明清两代皇帝烧造御瓷长达 500 多年，其出品的陶瓷精品至今仍闪耀着动人的光辉。对它的考古发掘，可以为研究御窑厂的历史沿革、管理制度、烧造工艺等提供重要依据，价值不可估量。

这里曾经入选"2003 年度全国十大考古新发现"，2006 年被列为全国重点文物保护单位，2021 年入选全国"百年百大考古发现"。目前，御窑厂衙署建筑遗迹、珠山遗址、元代官窑遗址及师主庙建筑遗址等都还有待发掘。未来，御窑厂这颗"瓷国皇冠上的明珠"将进一步为全世界所知。

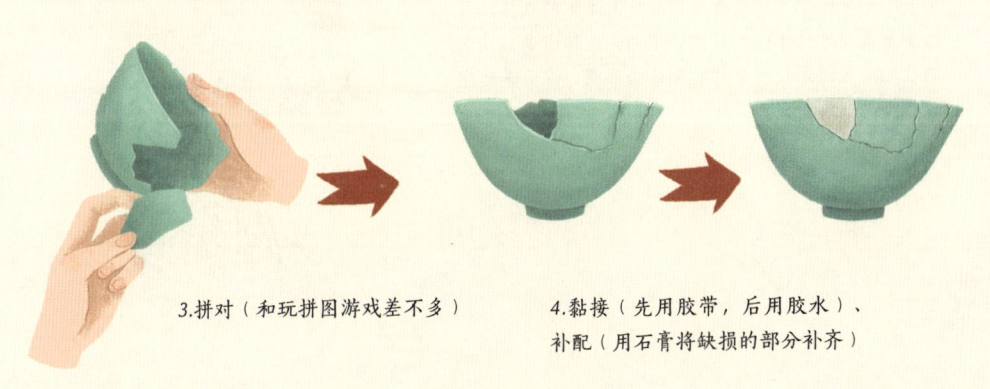

3.拼对（和玩拼图游戏差不多）

4.黏接（先用胶带，后用胶水）、补配（用石膏将缺损的部分补齐）

出土文物展示

▶ **清康熙青花山水人物图方瓶**

这件瓷瓶高 52.7 厘米，整体呈四棱柱形，所以又俗称"方棒槌瓶"。这是康熙朝新创且独有的样式。瓷瓶使用青花进行装饰，器物四面分别绘有"渔家乐""高士""江中饮酒""携琴访友"图样。瓷瓶底部正中有釉面，上面有楷体的"大明嘉靖年制"款识。

会不会搞错了？这不明明是明朝的瓷器嘛！其实，这是康熙朝瓷器的一个很特别的现象，叫"寄托款"。原因就是，康熙认为瓷器上如果写了本朝年号，万一打碎实在不吉利，就干脆写了前朝的年号。当时的寄托款，写得最多的是"大明宣德年制""大明成化年制""大明嘉靖年制"。"己所不欲，就施于人"，康熙皇帝还真是有点儿过分哟！

清康熙斗彩璎珞纹贲巴壶 ▶

这件瓷壶高 23.2 厘米，足径为 9.1 厘米，形状很特别，远远看上去就像一座塔。其实它是仿照藏族银制贲巴壶的形式烧造的，上面的莲瓣纹、如意云纹、火云纹、兽面璎珞纹等都是宗教气息很浓的纹样。贲巴壶是藏族地区寺院内的祭神用品，这件御窑厂烧制的贲巴壶应该是康熙皇帝打算赐给西藏、青海等地宗教领袖的赏物。

清康熙粉彩钟馗醉酒像

　　这件瓷像高 16.8 厘米，底长 29 厘米，塑造了一个喝醉的钟馗的形象。他左臂倚着一个大酒坛，右手持杯，脸上醉意朦胧。有意思的是，他背后的山石上还有一个红蝠纹瓶。这件瓷像人物生动传神，色彩浓淡相宜。

　　这件瓷像是康熙彩瓷中的珍品，曾长期被清宫尊为"库神"，享受供奉。它的命运一波三折，晚清时曾意外流出宫廷，后在一家古玩店被发现，又被迎回紫禁城。

清乾隆粉彩镂雕夔龙纹转心瓶

　　这件转心瓶是乾隆时期烧制的一种特殊的瓷器。它分内、外两层，里层内瓶可以转动，外瓶瓶身上等距分布着四处圆形镂空装饰，从外望去，就像欣赏走马灯一样，十分有趣。外瓶可拆分为颈部、瓶身、底座三部分。这件收藏于中国国家博物馆的粉彩镂雕夔龙纹转心瓶高 30.3 厘米，底径比口径稍大。整体来看，造型饱满，装饰豪华，是转心瓶中的精品。

第二部分：
回到历史现场

揭开历史的帷幕

从宋朝开始，景德镇渐渐成为中国制瓷业的"龙头"。明朝在这里建立御窑厂，聚集起高水平的制瓷工匠，专门烧制供皇室使用的精美瓷器。清朝取代明朝后，延续明朝惯例，继续在这里建立御窑厂。随着新品种的不断出现，中国瓷器的发展登峰造极！和瓷器行业一样，这时候的古代中国也发展到了顶峰，出现了"康乾盛世"，人口更是达到了惊人的3亿之多！

可惜的是，清朝没能像中国瓷器一样，将辉煌延续下去。"康乾盛世"之后，仅仅过了不到半个世纪，曾领先世界数千年的中国就被西方列强的枪炮打开了大门。人们不禁要问：从巅峰到低谷，从先进到落后，清朝到底经历了什么？

细说清朝

清朝是继元朝之后第二个由少数民族建立的统治全国的王朝。和过去的很多朝代一样，在建立早期，清朝也经历了筚路蓝缕、励精图治的阶段，打造出了太平盛世。

可是，到了中后期，统治者的思维僵化和故步自封，却让中国迅速落伍于世界历史的发展进程，最后被西方打败，没能逃脱"其兴也勃焉，其亡也忽焉"的历史周期率。

那么，我们就来看看，作为中国最后一个封建王朝，清朝是如何走出"低—高—低"的抛物线的。

从东北一隅到定鼎中国

明朝时，中国东北地区生活着一个古老的少数民族女真族。

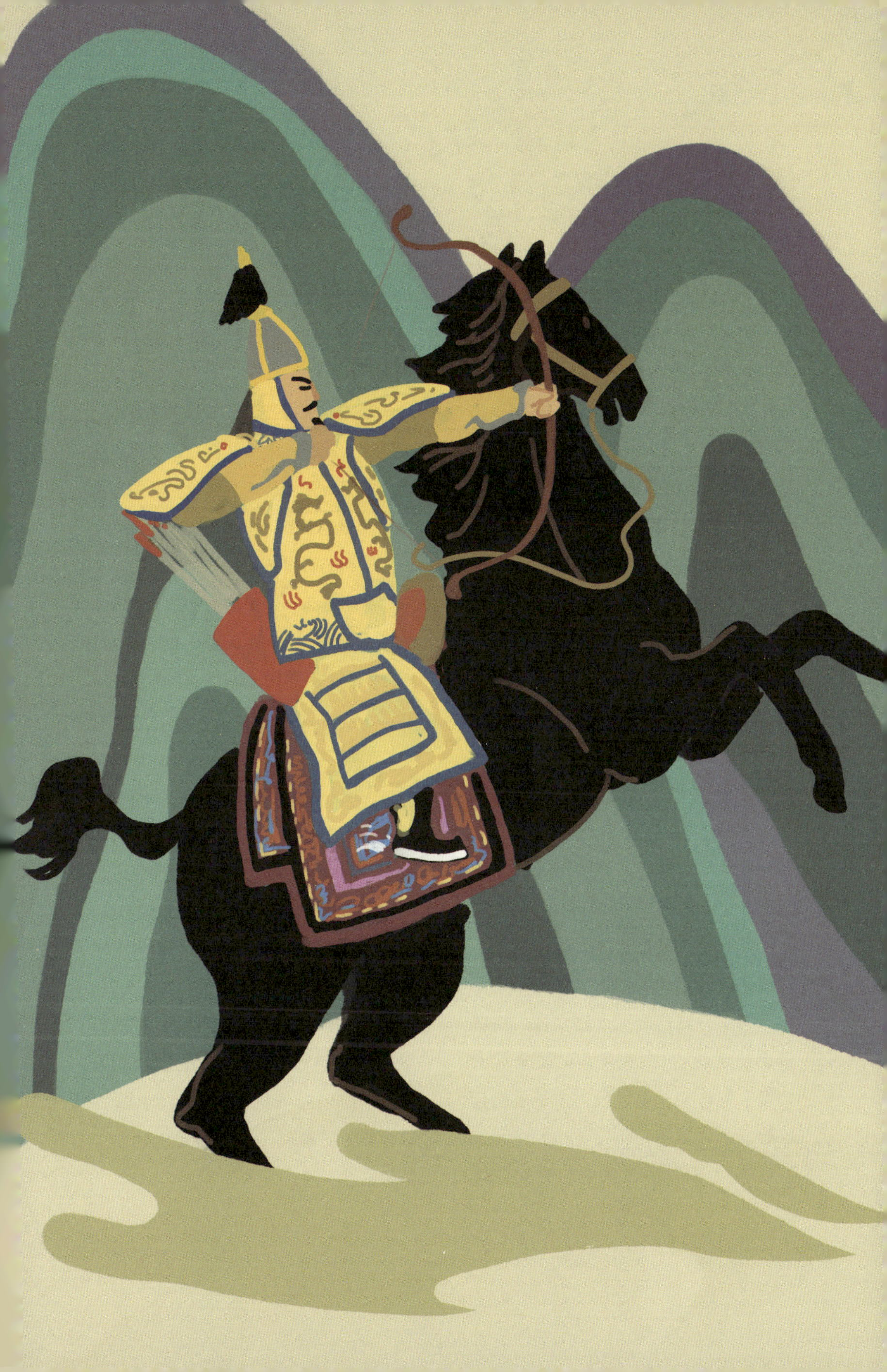

女真族在唐朝时被称为"黑水靺鞨",曾建立过一个"渤海国",强盛一时。宋朝时,女真族建立了金朝,先后与辽、宋鏖战,后被蒙古所灭。

明朝后期,女真族的一支建州女真的地盘与明朝相接。他们本来过着渔猎生活,与明朝交往密切之后,慢慢变得强大起来。

建州女真的首领爱新觉罗·努尔哈赤受到明朝先进制度的启发,把女真人编制起来,大家平时一起搞生产,需要打仗时就放下套马杆,操起武器去冲锋陷阵。

这种"兵民合一"的组织形式和当初成吉思汗搞的那一套差不多,产生了立竿见影的效果:努尔哈赤很快就统一了女真各部。

1616年,努尔哈赤称汗,建立"后金",年号为"天命",定都在赫图阿拉(今辽宁省新宾县境内)。

努尔哈赤很有雄才大略,不甘心只在东北一带称王称霸,很快就把目光转向了地域广阔、人口众多、经济富庶的明朝。1618年,他发出"七大恨"的檄文,说要报仇,于是起兵攻明。

"七大恨"的名头听起来义愤填膺、振聋发聩,可一条条细看起来,就会发现实际上多数不过是些"你有一次说话不算话""有一次你把我某地的房子给扒了"之类的小事。说白了,努尔哈赤不过是想找个出兵的借口而已。

这时,大明王朝已经统治中国250多年了,貌似强大,实际上已经尽显疲态,与正处于上升期、生机勃勃的后金形成了鲜明对比。明军打不过后金军,只好不断把防线向关内收缩。

努尔哈赤一边往前推进,一边不断搞"大动作",巩固先前占据的地盘:1621年迁都辽阳,1625年春又迁都沈阳。

1626年,努尔哈赤雄心勃勃地再次带兵南征,攻击辽东重镇宁远。没想到,明军这次在阵前布置了11门当时中国最先进的火器——红夷大炮。一向凭借骑兵所向披靡的金军毫无防备,损失惨重,冲在前面的努尔哈赤也被炸伤。过了半年,努尔哈赤伤势加重,很快就去世了。

努尔哈赤的第八子皇太极继位后,继续攻明。1635年,他把族名改为"满洲",1636年把国号改为"大清",尊沈阳为"盛京",正式称帝,建立了清朝。

皇太极御用鹿角椅

沈阳故宫

沈阳故宫又称盛京皇宫，位于辽宁省沈阳市沈河区，是清朝入关前的皇宫。它占地约6.3万平方米，不仅是中国仅存的两大皇家宫殿建筑群之一，也是中国关外唯一的一座皇家建筑群。沈阳故宫是全国重点文物保护单位，2004年入选《世界遗产名录》。

这件鹿角椅是皇太极的宝座，工艺十分精湛。制作时使用了一只鹿的一对完整的角，角上共有12个分支，长短不一，错落有致，不仅造型美观，而且非常符合人体工学。据说，这对鹿角来自皇太极亲手捕获的猎物。椅子通高1.5米，背后还镌刻有一首乾隆皇帝的御诗（你没看错，是"诗人皇帝"乾隆瞻仰时诗兴大发，写了之后命人刻上去的）。它是国家一级文物，也是沈阳故宫的镇馆之宝。

还没等清军来打，1644年，内外交困的明朝就被农民起义军推翻了。此后，李自成的大顺军、明旧臣吴三桂的军队、清摄政王多尔衮的清军三股力量以山海关为中心，开始斗智斗勇。

清军和大顺军势均力敌，于是吴三桂成了决定事情走向的"X"因素。他起初摇摆不定，最后决定倒向清军。李自成的军队在他们的夹击下败退，清军很快占领了北京。紧接着，刚登基不久的清顺治皇帝把都城迁到北京，清军开始由北向南追击明朝的残余军队，以及镇压各地的农民起义军。

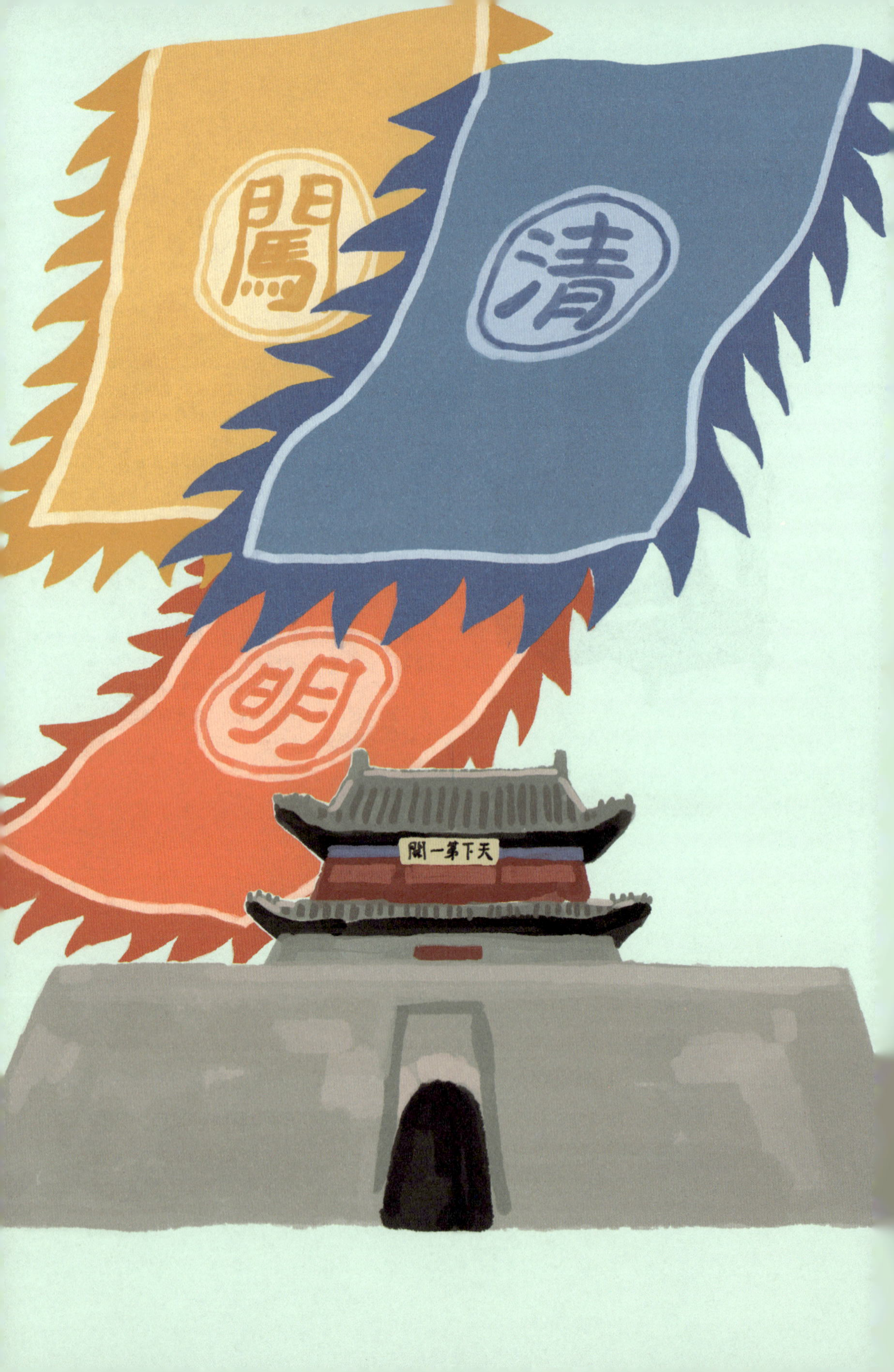
闖
清
明
天下第一關

在此过程中，清军每占领一地，就要求当地的汉族百姓按照满族的习惯剃掉前面的头发，将脑后的头发编成辫子，同时改穿满族服装，以此作为"归顺"的标志，否则就要军法处置。

可在汉族人的观念里，"身体发肤，受之父母"，是绝对不能随意毁伤的。面对清军"留头不留发，留发不留头"的强硬规定，汉族军民进行了惨烈的抵抗。尤其以江南地区的反抗最为激烈，扬州、嘉定、江阴等地都因反抗清军，在城破后遭到了屠城。此外，因为不愿剃发被杀的人更是不计其数。

此起彼伏的斗争进行了几十年，最终满清凭借强大的军事力量占据了绝对优势，开始了对全中国的统治。

顺治皇帝见局面已经尽在掌握之中，也就适当放松了之前的一些强硬政策。

他知道，明朝虽然被清朝取代了，明朝的各种制度和文化却比一直放牧渔猎、靠骑马打仗起家的清朝先进得多。现在他要"管家"，单靠满人是不可能实现的，还得采用之前明朝的那一套。

他命人对《大明律》进行了完善，作为《大清律例》颁发。他又积极发挥汉官的作用，还鼓励各地开垦荒地，恢复生产。

为了笼络汉族人，他多次下令修缮明朝留下的宫殿，对明朝皇帝的陵墓加以保护。

对一些地区还存在的抗清力量，也改变过去的武力剿灭的办法，变为尽量招抚。

顺治皇帝的做法取得了显著的成效。到1661年病逝，他共在位18年，除了地处东南沿海的郑成功外，全国的抗清力量基本被平定，清朝在中国建立了稳定的统治。

雄才伟略的康熙皇帝

顺治帝是突然病逝的，他以遗诏的形式让第三子玄烨继位，史称康熙帝。这时玄烨按虚岁算也才只有8岁，顺治帝不放心，"贴心"地为他指定了四位辅政大臣。

四位大臣最初还能和睦相处，共同辅佐少主，可慢慢地，矛盾就多起来了。其中，鳌拜自恃功劳大，不断排挤别人，什么事都自己说了算，根本不把康熙这个"毛头小子"放在眼里。

延伸阅读

顺治帝为什么选择玄烨做继承人？

顺治帝去世前，二皇子福全是他最大的儿子。福全文武双全，按说由他继承皇位顺理成章。不过，顺治帝却有些犹豫，因为福全还没得过"天花"。

"天花"如今早就得到了控制，可在当时却是十分凶险的恶疾，致死率非常高。不过这种病有个特点，那就是一生只会得一次，得过了就不会再得。当时福全还没得过天花，而比他小一点儿的玄烨刚好得过。顺治帝权衡再三，后来在外国传教士汤若望的建议下，放弃福全，确定玄烨为自己的继承人。

康熙长大后，见鳌拜丝毫没有还政给自己的意思，就开始暗地里想办法。他担心硬来会吃亏，就装作爱玩的样子，召集了一些少年侍卫天天在宫里陪自己玩"布库"（"摔跤"的满语），准备伺机捉拿鳌拜。鳌拜见康熙不理朝政，只顾着玩，当然求之不得，也就没往深处想。

1669年6月的一天，康熙在宫中召见鳌拜。鳌拜毫无防备，一进宫就被那群侍卫按得死死的，动弹不得。然后，康熙命人把鳌拜关起来，把追随他的人都革了职。就这样，他顺利夺得了大权，开始亲政。这一年，康熙刚刚14岁。

没想到，康熙刚掌权，龙椅还没坐热，就遇到了前所未有的大考验！

清军入关后，先后封了几个功劳较大的汉族将领为藩王，比如云南的吴三桂、广东的尚可喜、福建的耿精忠。康熙皇帝觉得这样下去，早晚会对国家不利，就打算削藩。

平西王吴三桂听了小道消息之后，不知道是真是假，就打算试探一下。1673年7月，吴三桂故意上书请求撤藩。没想到康熙竟然顺水推舟，二话不

说就答应了。吴三桂当然不愿意,他经过准备后打起"反清复明"的旗号,于11月起兵反叛。当时很多汉族人不满满清的统治,对明朝一直念念不忘,遇到这个机会便纷纷响应。耿精忠、尚之信(尚可喜的儿子)也跟着反叛,攻击附近的清军。短短数月时间,全国竟然有一半以上的地区都脱离了朝廷的控制!

康熙皇帝不急不躁,他的平叛思路很清晰:出兵解决"主要矛盾"吴三桂,通过招抚的办法对其余反叛者进行分化。在"刀兵"加"攻心"政策下,部分反叛的地区陆续被平定,甚至"三藩"里也有两藩相继归降。1681年冬,历时8年的"三藩之乱"终于被平定了。

在平定"三藩之乱"的过程中,康熙皇帝表现出掌控大局、运筹帷幄的卓越才能;而后面紧接着发生的一系列事件则表明,康熙皇帝能够擒鳌拜、平三藩,绝对不是靠运气。

明朝末年,荷兰人趁明政府自顾不暇,占据了台湾,开始对那里进行殖民统治。清兵入关后,明军将领郑成功率军横渡台湾海峡,将荷兰殖民者赶出台湾,将那里作为抗清根据地。1683年,康熙皇帝派施琅带领水军攻取台湾,降服了控制台湾的郑克塽(郑成功之孙),使中国彻底归于统一。

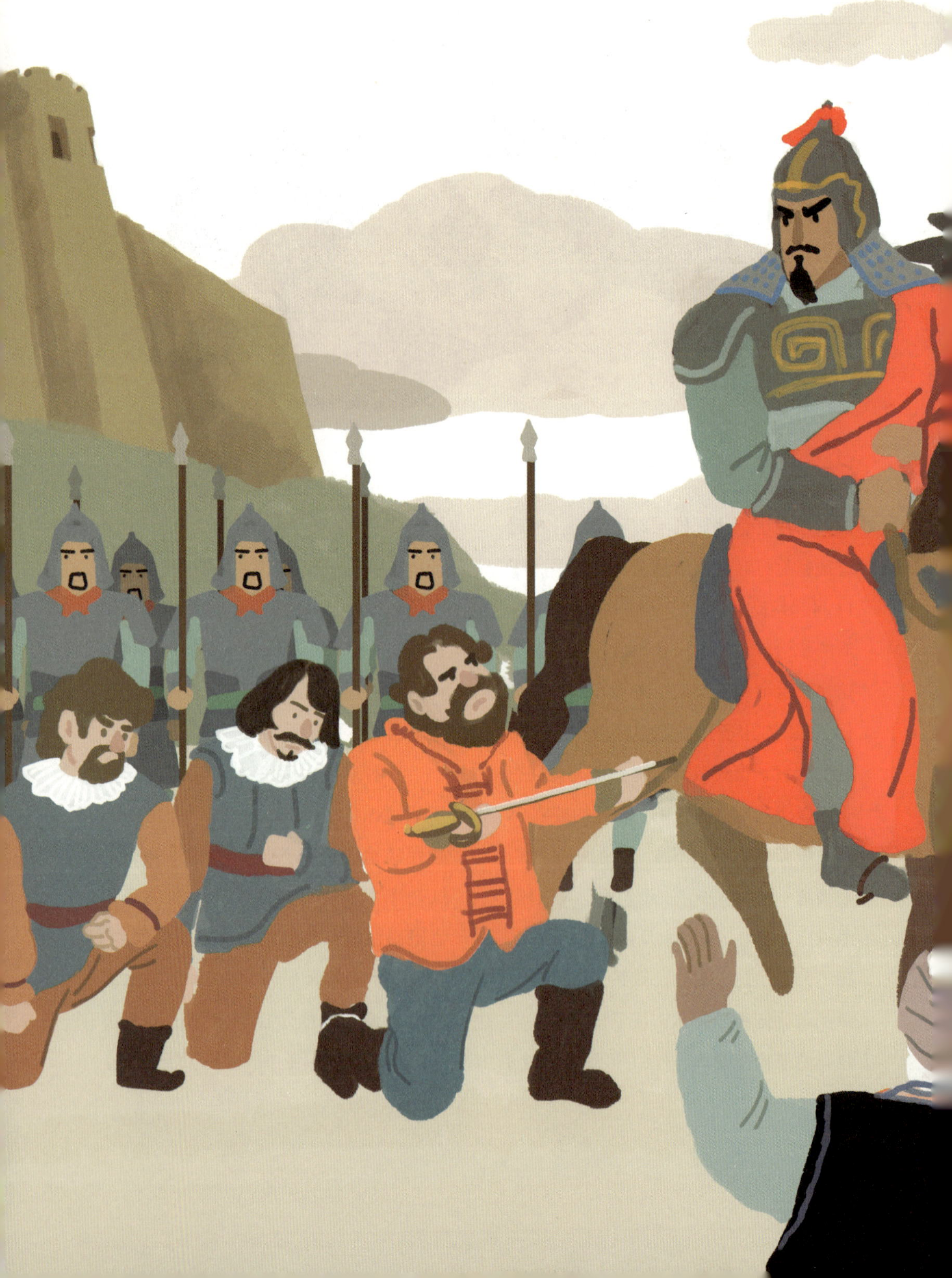

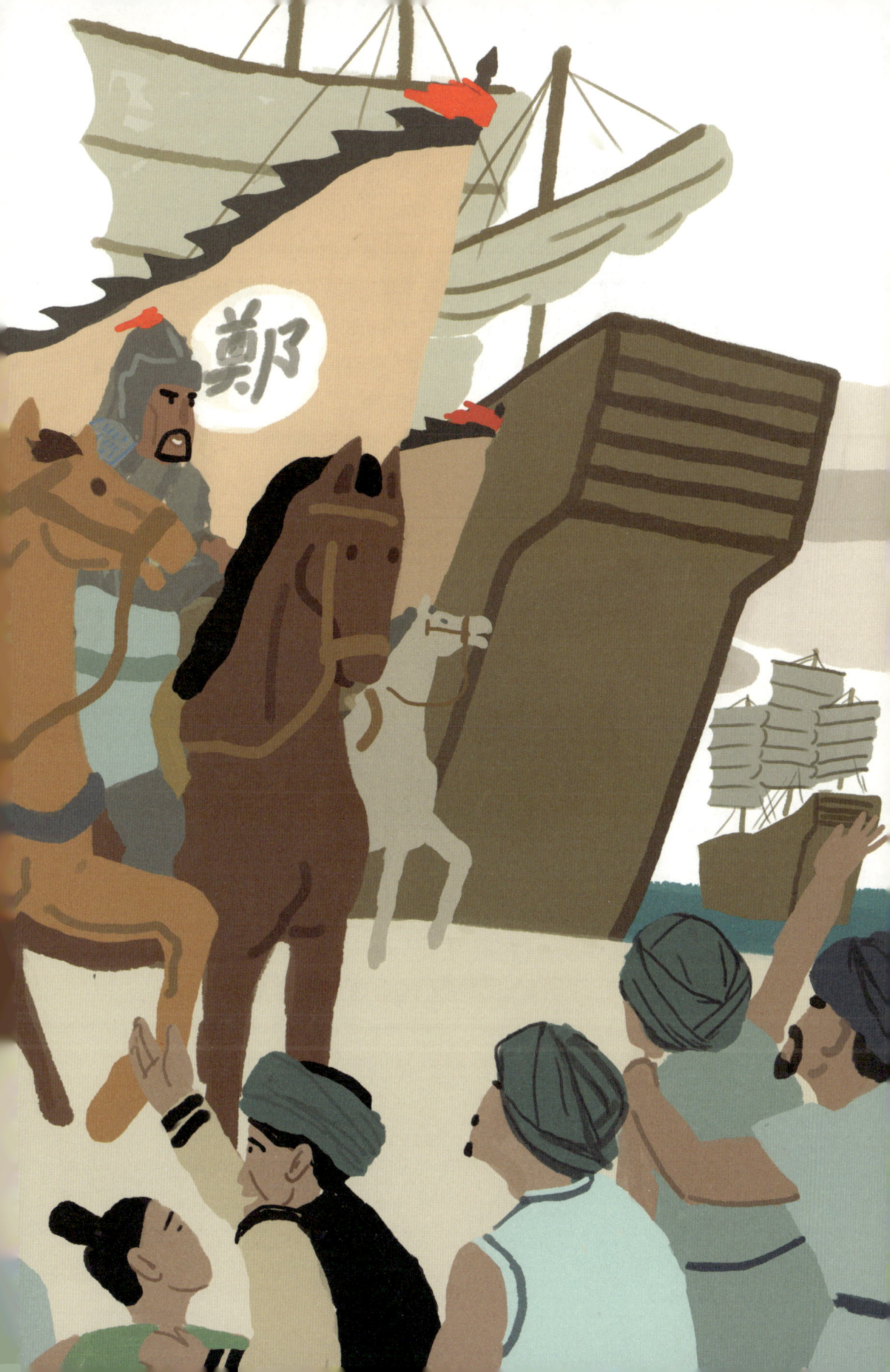
鄭

沙皇俄国与中国北部边境接壤，清军入关后，沙俄远征军多次入侵中国，蚕食中国的领土。康熙皇帝多次派兵抗击沙俄侵略军，屡战屡胜。1689年，在雅克萨之战中惨败、无计可施的沙俄只好与清朝缔结了《尼布楚条约》。双方约定了边界，沙俄军队再也不敢来侵扰了。

除了维持国家统一和完整，康熙皇帝在抓经济、抓文化方面也都是一把好手。他鼓励垦荒，使全国的荒地基本都得到了开垦，国力大增；他重视儒学和礼教，组织编写了《康熙字典》《古今图书集成》《全唐诗》等高质量的图书。

尤其难得的是，康熙皇帝的眼界

雅克萨之战中清军使用的神威无敌大将军炮

这门炮铸造于康熙年间，重1吨多，长约2.5米，炮口内径为11厘米，炮管前细后粗。炮身上铸有康熙帝钦定的铜炮名称——神威无敌大将军。这种炮曾在雅克萨之战中立下大功。

也非常开阔。当时中国的很多人对西方文化和科技非常看不起，可康熙皇帝却主动向来华的传教士学习代数、几何、天文、医学等方面的知识。学了这些知识之后，他发现中国过去绘制地图的方法比较落后，就亲自用新方法和新仪器绘制了更准确的全国地图。

这一时期，中国的领土北起外兴安岭，南至南沙群岛的曾母暗沙，西起巴尔喀什湖和帕米尔高原，东抵鄂霍次克海、库页岛和台湾，经济繁荣，社会安定，出现了被称为"康熙盛世"的大好局面，并成为当时世界上最强大的国家之一。

不过，晚年时，由于天下承平太久，康熙开始懒于政事。他常说"多一事不如少一事"，对大臣们也非常宽松，于是一些官员趁机中饱私囊。1710年，户部官员贪污国库白银，数量达到惊人的40多万两，涉及100多人。康熙知道后，只把为首的一人革职查办，其他人则只需要退还贪污的钱就可以平安无事。结果，国库亏空越来越大，有些地方遇到水、旱灾害，朝廷甚至连赈灾的钱都拿不出来。

1722年12月，69岁的康熙帝驾崩。他在位61年10个月，成为中国历史上在位时间最长的皇帝。

王朝最后的盛世

康熙在位时，最初立自己的二儿子胤礽为太子，但后来胤礽越来越任性骄纵，慢慢失去了康熙的信任，最终被废黜。康熙的其他儿子见状，纷纷想尽办法上位。最终，第四子胤禛脱颖而出，成为最终的皇位继承人。

和很多皇子养尊处优不同，胤禛长期跟随康熙出巡，对民间的疾苦有真切的体会。他知道当时虽然号称"康熙盛世"，但实际上隐患很多，如果按照老爸"多一事不如少一事"的思路治理国家，早晚要出大事。于是，他一继位就迫不及待地开始推行改革。

他认为治国首先要选对人，便把整顿吏治作为改革的"第一把火"。继位当月，他就连下13道谕旨，告诫各级官吏，不许贪污受贿、吃空额。为了防止官员作弊，朝廷还成立了"会考府"，对各种财政数字进行审计，堵住他们作弊的口子。

针对国家财政收入困难、钱不够花的问题，雍正也想了一系列法子改革税收制度。

过去，只要是个人，一到法定年龄，就会"荣幸"地升级为"纳税人"，要交"丁税"，俗称"人头税"。这个税从汉朝时就开始有了，谁也跑不了！

除了"丁税"，有地的人还要按照地的数量交田税。

这种征税方式问题很多。没地的人本来就穷，却还要承担"丁税"，便千方百计地隐瞒人口，不去"上户口"。地多的人本就富有，"丁税"相较之下反而轻得多。时间久了，就形成了两极分化的"马太效应"，不仅矛盾越来越大，国家的统计数据还总是弄不准确。

雍正经过考虑，决定简化流程，在全国推广"摊丁入亩"——把"丁税"并到田税里，不再单独征收。实行了2000年的"丁税"就这样彻底退出了历史舞台。

"摊丁入亩"让老百姓没了顾虑，在"多子多福"观念的影响下，清朝人口出现了爆炸性增长。在鸦片战争前的短短100年间，人口从1亿多暴增到4亿多，占世界人口超40%，奠定了中国人口大国的基础。

另外，官绅阶级之前都有不当差、不交税的特权，到雍正这儿也给改了。他要求"官绅一体当差、一体纳粮"，真正实现了"税收面前，人人平等"。官绅阶层虽然打心眼儿里不愿意，可毕竟"胳膊拗不过大腿"，最后被强硬的雍正压服。

那时候，国家收的税主要是两种：钱或者粮食。老百姓交的钱一般是碎银子，基层官员收了之后，往上一级衙门送之前，需要把这些碎银子熔化掉，铸成标准化的银锭。在这个过程中会有一些损耗，叫"火耗"。交粮食的话也一样，保存或运送时被鸟雀吃了、被耗子偷了都是难免的事——这部分损耗叫"鼠雀耗"。它们统称为"耗羡"。

然而，上级衙门验收时是不管这些的，要求必须足额。负责收税的基层官员当然不会"假私济公"，拿自己的俸禄去补这个差额，所以他们在收税时就会额外多收一些。这本来也无可厚非，可时间久了，官员们见有机可乘便开始任意摊派，多收的部分自然就成了他们的灰色收入，装入了他们的腰包。

这事其实并不新鲜，历朝历代都有，属于"历史遗留问题"。雍正继位后，觉得其弊端很大，就干脆把这部分税收改成了法定税收。这样一来，征收的税额

清官员以"火耗"为借口中饱私囊

明确了,官员们的操作空间也就没那么大了。雍正也知道,凭空少了这部分收入,官员们肯定不干,于是就通过发放"养廉银"进行补贴。这意思很清楚:"国家给你多发点儿薪水,就不要再去搜刮老百姓了。"这做法其实和现在一些国家"高薪养廉"的思路差不多。

经过这一系列改革,国库收入大幅度增加。有了银子做后盾,雍正皇帝在位时,清朝对外打仗也没怎么吃过亏。

雍正皇帝本人也十分勤政，每年除了元旦、冬至和过生日，几乎每天都处于高负荷工作状态。据统计，他一生批阅的奏折达4万多件，所写批语累计有上千万字，是个不折不扣的"工作狂"！

延伸阅读

御批里的雍正皇帝

雍正皇帝批复的大量奏折中，留下了一些令人忍俊不禁的批语，让人看到了一个鲜活、真性情的皇帝形象。

四川夔关监督隆生奏报非自己分内的事儿，雍正批道："此等事与你何干？"

福建巡抚常赉能力不够，雍正给他树了个学习的榜样鄂尔泰。后来常赉上奏折说要回京觐见皇帝谢恩，雍正不以为然，批道："见朕不如去学他！"

川陕总督年羹尧上奏折汇报公事，雍正皇帝批复时，还不忘在奏折里问年羹尧要好吃的："宁夏出一种羊羔酒……朕甚爱饮它，寻些送来。"

有个叫曾静的人诽谤雍正皇帝谢恩，云南总督鄂尔泰上奏折汇报情况，雍正满心委屈地批道："似此大清国皇帝做不得矣！"

不过，雍正皇帝最喜欢、最常用的批复还是"知道了"，和我们现在常用的"阅""已阅"差不多。

1735年，雍正皇帝病逝，其第四子弘历继位，就是著名的乾隆皇帝。

有了雍正皇帝打下的坚实基础，乾隆皇帝的日子好过多了。再加上他本人的能力也不错，因此，在他统治时期，经济继续发展，康熙、雍正时期的盛世局面也得到了进一步发展，甚至进入极盛时期。

这一时期，清朝还粉碎了新疆地区大小和卓木的叛乱，又打败了廓尔喀王朝（今尼泊尔一带）对西藏的进犯，巩固了统一的多民族国家。从康熙到乾隆的近150年时间被合称为"康乾盛世"，也叫"康雍乾盛世"。

从古代与近代的中华巨变

"康乾盛世"时，中国一方面在发展，另一方面也在慢慢走向自我封闭。

清朝入主中原后，为了压制汉族人，尤其是汉族知识分子的反抗，控制他们的思想，经常借文字罗织罪名，兴起"文字狱"。

康熙时的进士徐骏曾写了一首小诗，诗中有两句是"清风不识字，何故乱翻书"。这本来写的只是他自己的一点儿生活所见，结果竟然被人以"嘲讽满清人没文化"的理由告发，最后被处死。有个叫戴名世的人出了一本书《南山集》，因为里面有文章用到了南明的年号弘光、永历，也被告发。结果，凡与这本书相关的人，包括作序的、刊刻的、贩卖的，都被逮捕入狱。

类似匪夷所思的"文字狱"还有很多，贯穿"康乾盛世"。人们为求自保，只好少思考、少说话，造成了"万马齐喑究可哀"的可悲局面。

此外，清朝初年，为了防止大陆的老百姓与台湾的郑成功联合抗清，实行严格的"海禁"政策。后来虽然有所放松，但长期以来自给自足的模式让清朝从上到下都对接触外面的世界缺乏动力，他们觉得自己就是世界的中心，是毫无争议的"天朝上国"。

而这时候，中国以外的世界已经发生了翻天覆地的变化：欧洲各国通过工业革命和对外殖民掠夺，实力大大提升。中西方之间的力量对比悄悄发生了变化。尤其是英国，它是当时世界上最强大的国家，殖民地遍布全球，被称为"日不落帝国"。

1793年，英国的马戛尔尼使团以给乾隆皇帝祝寿为名来到中国，希望能够和中国进行更深层次的贸易往来。他们随行携带了大量展示英国科技的物

马戛尔尼进献的火枪（收藏于故宫）

品，如蒸汽机、织布机、天文仪器、火枪，以及装备有 110 门大口径火炮的、英国最大的"君主"号战舰的模型。

可是，觐见的过程并不顺利。清朝按照一贯的理解，认为这是贡使来朝见，坚持要求对方见皇帝时要三跪九叩；但英国使团认为这是两国之间平等的外交活动，他们要么采用觐见英王的礼节觐见乾隆皇帝，要么互相行一样的礼。经过反复商量，最终马戛尔尼以单膝跪地的折中办法觐见了乾隆皇帝。

乾隆皇帝对他们精心挑选的礼物毫不在意，认为它们不过是些"奇技淫巧"的玩意儿，转眼就扔进了故宫的仓库。对他们提出的通商请求，乾隆皇帝更是断然拒绝，双方不欢而散。

此后，使团在北京的活动受到严密监视。在北京逗留了一个月之后，无人理睬的马戛尔尼使团只好离开，之后又在中国的南方逗留了几个月才启程回国。在中国所见所闻的各种情形，彻底打破了欧洲人数百年来对中国这个东方大国的幻想。

1795 年，在位 60 年的乾隆禅位给嘉庆，自己当上了太上皇，几年后去世。嘉庆帝和他的继任者道光帝在位期间，国家更加保守和僵化，各种矛盾越来越尖锐，各地起义不断，西方势力也渗入得越来越深。"殖民侵略"就像一片巨大的乌云，正飞快地朝中国的上空飘过来。

18 世纪与 19 世纪之交，西方的英、法等国通过工业革命实力大大增强，到处抢占殖民地，并把用机器生产的羊毛、呢绒制品销往世界各地。

最初，他们十分看好拥有4亿人口的中国市场，准备大赚特赚。可他们很快就发现，那些在世界其他地方很畅销的东西，在中国却受到了前所未有的冷遇。原来，当时的中国是传统的农业社会，人们讲究"自给自足"：吃粮食，咱自己种；穿衣服，咱自家织。买衣服穿？花那个冤枉钱干吗！

与此形成鲜明对比的是，中国的茶叶、丝绸、瓷器在西方世界却一如既往地受到欢迎。两相对比，这些国家每年都有大量白银通过进出口贸易流入中国。道光皇帝继位时，中国每年都会净赚二三百万两白银！

英、法等国见常规贸易赚不到钱，就动起了歪脑筋，把一种特别容易让人上瘾的毒品——鸦片——推销到了中国。结果取得了立竿见影的成效，中国很快就从出超国（净赚）变成了入超国（净赔）。严重的时候，清朝每年要损失五六百万两白银，国库越来越空虚！

不仅如此，鸦片的流行还严重败坏了社会风气，损害了百姓的健康。魏源等有识之士都说："鸦烟流毒，为中国三千年未有之祸！"（魏源《海国图志》）

道光皇帝也认识到了问题的严重性，多次下令查禁鸦片。1838年12月，他任命禁烟态度坚决的林则徐为钦差大臣，前往中外贸易中心广东主持禁烟。

林则徐抵达广州后，雷厉风行，勒令外国烟贩交出鸦片，并承诺不再贩卖。他还封存了英国商人的很多鸦片仓库。

为了表达禁烟决心，扩大禁烟影响，1839年6月3日，林则徐下令在虎门海滩当众销毁收缴的鸦片。到6月25日，前后共计销毁鸦片1000多吨！备受鸦片之苦的当地百姓看到鸦片被销毁，无不拍手称快。

1840年1月初，清政府宣布封闭广州对外贸易的港口，永远断绝和英国的贸易。

这下英国人彻底坐不住了。他们以清政府查禁鸦片，损害英国商人利益为借口，于6月派出远征军，发动了侵略战争。清政府战败后，只好向英国求和，被迫签订了不平等的《南京条约》。中国古代历史就此结束，中国从此开始了上百年被压迫、被凌辱的历史。

直到1949年中华人民共和国成立，中国人才再一次英勇地站起来，向着光明的未来大步迈进！

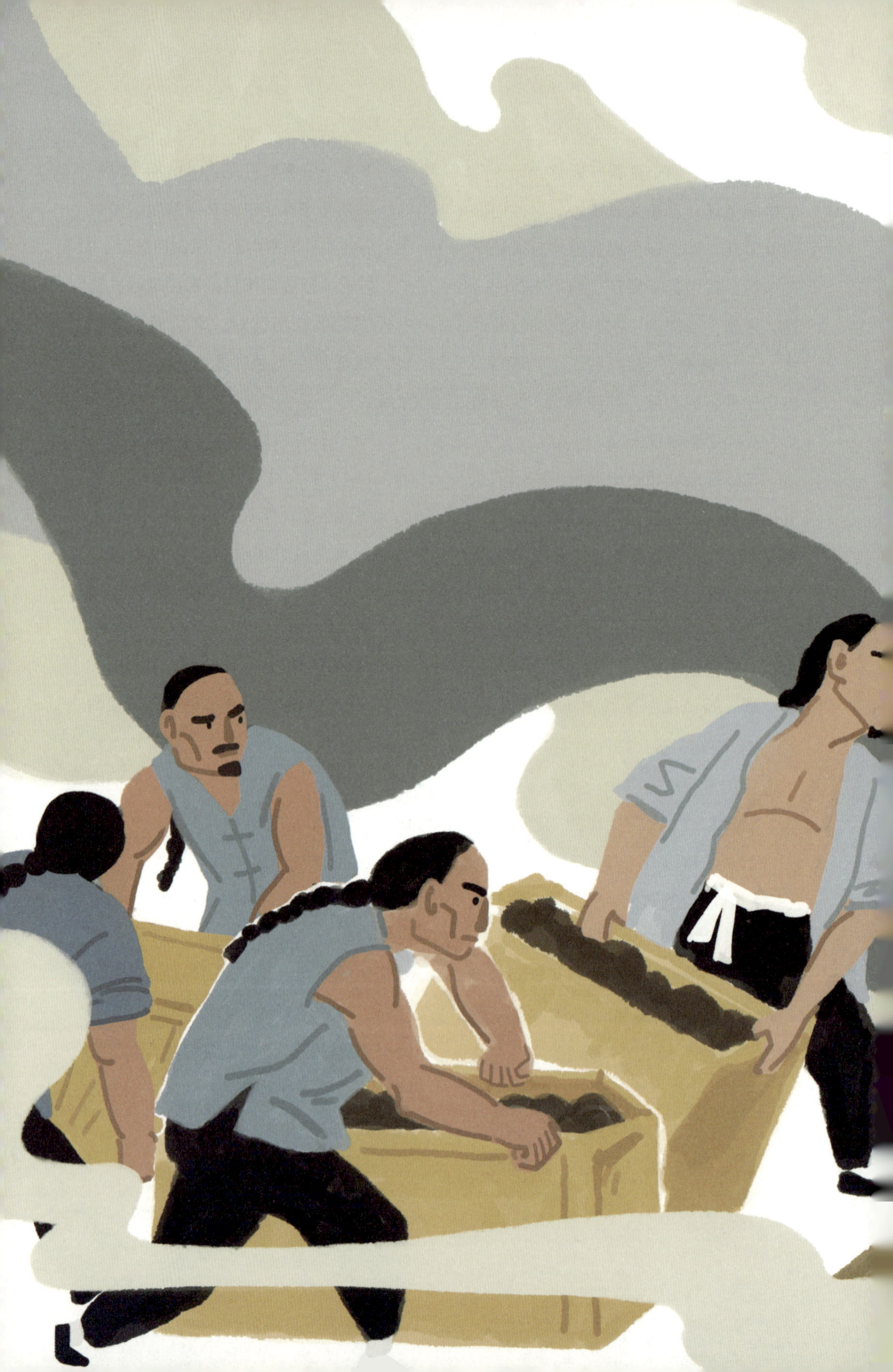

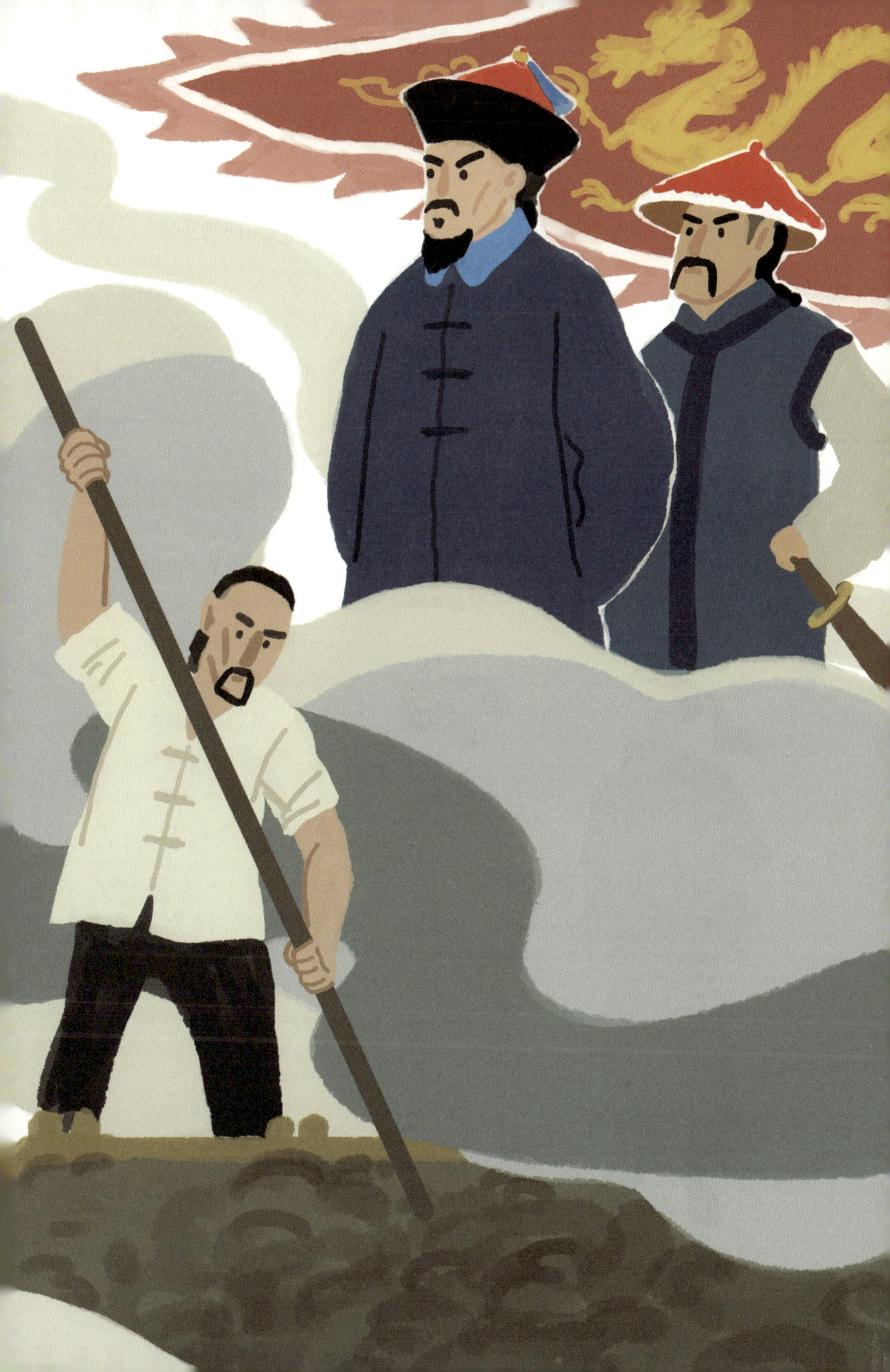

清朝人有话说

讲述人	
姓名	小乙（衣）
身份	京城胡同剃头匠

我们清朝是满族人建立的天下，所以人们的服饰和前朝相比有不少变化。男人主要穿长袍和马褂。长袍与之前相比，造型更简单了。马褂最初是兵营里的士兵穿的，也叫"得胜褂"；后来因为穿着实在方便，慢慢就"火出了圈儿"，变成了普通人的休闲服。汉族女子一开始还是沿袭明代"宽袍大袖"的服饰；满族女子则穿"旗装"。后来，因"旗装"的衣袖又窄又短，便于活动，也开始受到汉族女子喜爱，并逐渐演变成了人们熟悉的旗袍。和旗装搭配穿的鞋子，鞋底特别高，一般高5~10厘米，有些则高达15厘米，远远看去很像花盆，因此被称作"花盆底"。这种鞋的鞋印很像马蹄印，所以也叫"马蹄底"。

清朝的服饰

讲述人

姓名 小史（食）
身份 乾隆朝御膳房庖长

人们常说"众口难调"，确实是这样。不过，时间久了，还是能形成一些口味特征的。大体上来说，基本上是"南甜北咸"。我们现在还没有"八大菜系"的说法，只有"四大菜系"，也就是在全国都比较流行的川菜、鲁菜、淮扬菜、粤菜，其他几种是后来才加进来的。

我们御膳房主要给皇帝和他的家人做饭。最开始，最受欢迎的是满族口味的食物。后来，以胶南、胶东两地的地方风味为特色的鲁菜开始受欢迎。乾隆皇帝喜欢到江南玩儿，游玩途中爱上了淮扬菜，现在我们御膳房也开始有淮扬菜师傅了！

讲述人

姓名 小祝（住）
身份 京城琉璃厂纸店掌柜

北京城是明朝时建的，顺治爷搬进紫禁城后，北京城大的街道布局虽然没啥变化，不过哪一片儿住什么人却和之前大不一样了。朝廷要求"旗民分住"，内城只限满族贵族和三品以上的汉族高官居住，还要驻防八旗兵；普通汉人、回民等只能住在外城。

内城的王公贵族多了，就新建了不少华丽的宅园，"明筑城，清建园"说的就是这个。外城之前人烟稀少，现在迁来了很多人，变得可热闹了。尤其是南城，很多汉官和文人雅士住在这里，使这里变得生机勃勃，产生了天桥民俗文化、大栅栏商业文化、琉璃厂士人文化。因为其文化中心都位于宣武门外，所以统称为"宣南文化"。

讲述人

姓名 小兴（行）
身份 杭州府轿行伙计

出门坐轿现在非常流行。轿子早就有了，不过发展到现在，类型才基本固定下来，主要分官轿、平轿、花轿、素轿这几种。

官轿是衙门老爷们坐的轿子，个头儿比较大，用青蓝布围着轿身。官轿一般由四人抬轿，轿后另有四个跟班，随时替换。平轿是民间私人用的轿子，富商大贾用的比较大，一般人家的比较小。

花轿是新娘子坐的，装饰着红绸扎的花鸟、玻璃灯、彩球，非常喜庆。"有婚就有丧"，素轿和花轿对应，是送丧出殡时供主家乘坐的。花轿和素轿因为不常用，基本都是临时从轿行或"素仪店"租用的。

讲述人

姓名 小永（用）
身份 福建兴化府烟农

烟草这玩意儿是明朝万历年间从吕宋传来的——对，吕宋就是你们后来说的菲律宾。刚开始它是作为祛湿的药被引进的，后来抽的人越来越多。我朝太宗皇帝曾禁止过一段时间，后来发现根本禁不住，也就算了。烟草抽起来很容易上瘾，现在全国上下，无论地位高低，男女都抽，读书人也不例外。大学士纪昀烟瘾很大，去哪儿都拿着个大烟袋，因此有个外号叫"纪大烟袋"。据说他还有个名叫"镜烟堂"的书斋。这个"烟"是不是指烟草，我就不知道了。

讲述人

姓名 小宛（玩）
身份 京城镶蓝旗旗人

现在，凡是在籍的满族旗人，朝廷每个月都会发放钱粮，足够生活用。很多旗人没事做，就提笼架鸟，到处游逛。时间长了，遛鸟就成了一种风气。

遛鸟又叫"会鸟"。遛鸟的人带鸟出去时，会把鸟装在笼子里，用布罩子罩着，"会鸟"时再打开。罩蓝布的多数是大鸟，例如画眉、百灵；罩白布的多数是小鸟，例如"红子"（一种小山雀）、黄鸟。"会鸟"时，一般是养同一种鸟的人聚在一块儿。大家一般都把鸟笼挂在树上，然后在旁边侃大山，互相说说自己的鸟，交流一下"养鸟经"，真是快乐似神仙！

第三部分：

中国瓷器文化

2005年7月，在伦敦佳士得举行的拍卖会上，一件元青花鬼谷子下山图瓷罐以2.3亿元人民币的价格成交，创下了当时中国艺术品在世界上的最高拍卖纪录。2010年，一件清乾隆粉彩镂空"吉庆有余"转心瓷瓶在英国班布里奇拍卖行拍出5.5亿元人民币的天价。2014年，一件明成化"斗彩"鸡缸杯在香港苏富比拍卖会上以2.8亿港元的价格被买走……

几乎每过一段时间，就会有类似的消息出现，赚足人们的眼球。

说起来，瓷器的原材料不过是一堆瓷土，经过工匠们的巧手，为何竟能产生如此大的魔力？这就要从中国古代瓷器文化中寻找答案了。

明成化"斗彩"鸡缸杯

成化"斗彩"鸡缸杯是明代成化皇帝的御用酒杯，存世极少，不到20只，每只都是所在博物馆的镇馆之宝。市场上流通的更少，仅有3只。

从陶器中走出的"新宠儿"

中国是瓷器的故乡。早在欧洲人掌握制瓷技术之前 1000 多年,中国人就已经能制造出精美的瓷器了。从唐宋时开始,中国瓷器流向世界各地,受到狂热追捧,以至于英文中的"瓷器"(china)一词成为"中国"的代名词,有人甚至将瓷器视为和"四大发明"并列的第五大发明。

尽管瓷器在今天随处可见,它的发明却经历了极其漫长的过程。

新石器时代,原始先民在烧制陶器的过程中发现偶尔能烧出一些"优质陶器"。它们的硬度、密实度都比其他陶器好,而且表面光洁、透亮,非常美观。他们不断摸索经验,终于初步掌握了烧制这种高级品的技术,瓷器就这样出现了。瓷器常被称为"陶瓷",这正是两者"血缘"关系的真实写照。

瓷器与陶器都是先将黏土塑造成型,然后以高温烧成的,但两者有本质区别,烧制技术更是不可同日而语。

比较方面	陶器	瓷器
原材料	陶土:红紫色或黄褐色,含铁量高	瓷土:灰白色或白色,含铁量低
烧成温度	800℃以上	1200℃以上
表面	最初无釉面;粗糙,吸水	有釉面;光亮如镜,不吸水

陶器 VS 瓷器

考古发现表明，中国在商周时就已经能够烧制原始青瓷了。此后一直到隋唐之前，瓷器都以青瓷的面目出现。这倒不是因为那时的人对青色情有独钟，实际原因略显无奈——实在是没有别的颜色可选。

瓷器的颜色主要由瓷土的含铁量决定，含铁越少，烧出的瓷器就越白。隋唐之前，人们还没掌握通过淘洗瓷土来降低铁元素含量的技术，而天然瓷土的含铁量较高，因此烧出来的瓷器都是青色的。

蓬勃发展的瓷器

唐朝时，白瓷横空出世，打破了青瓷的"独霸"地位。河北邢窑的白瓷与浙江越窑的青瓷交相辉映，形成了"北白南青"的局面。

解锁了"白瓷"的工艺密码之后，中国制瓷技术开始飞速发展，新品不断涌现。

宋朝时，制瓷业非常繁荣，出现了号称"五大名窑"的钧窑、哥窑、官窑、汝窑和定窑。其中的钧窑瓷器虽然属于"青瓷"系统，但其瓷土中加入了铜元素，烧出了色泽层次丰富、堪称梦幻的紫红色，被称为"入窑一色，出窑万彩"，风靡一时。

宋朝的皇帝，身兼艺术家身份的很多，对瓷器当然也很在行。当时，江西有个昌南镇，烧制的瓷器格外好。宋真宗非常满意，就在景德元年（1004年），用自己的年号给这个地方改了名——没错，就是后来红遍全世界的"瓷都"景德镇。

在宋之后统治中国的元朝虽然时间短，但瓷器烧制技术却有所突破，出现了一种新的瓷器——青花瓷。这可是一件大事！

青花瓷呈色淡雅，实用而美观，一出现就风靡全国，成为景德镇瓷器生产的主流。

从明朝到清朝，朝廷都在景德镇设置了专门生产御用瓷器的御窑厂，品种更是不断翻新。明成化年间，在青花基础上加上红、绿、黄、紫等色彩，创制了成化"斗彩"瓷器；嘉靖、万历年间，又兴起了"五彩"瓷器。

瓷器的种类也越来越多，除了常见的碗、杯、罐等，还有文具、日常用具，以及各种动物造型的仿生瓷，可以说应有尽有。

北宋景德镇窑青白釉注子、注碗

这件瓷壶高 27 厘米，由注子（注壶）和注碗（温碗）两部分组成，壶盖上有一只可爱的小狮子雕塑。全器设计精巧，是北宋景德镇窑影青瓷中的极品。它于 1963 年出土于安徽省宿松县，现藏于安徽省博物馆。

元青花萧何月下追韩信图梅瓶

这件瓷瓶是国宝级文物，是南京市博物馆的"镇馆之宝"。

清朝时，康熙皇帝喜欢西洋文化，独出心裁地把西洋颜料和绘画技法用在瓷器上，创烧了"珐琅彩"。

不过这种瓷器仅供御用，烧制成功后没有走出皇宫一步。雍正皇帝时，把中国传统技法和颜料，与西洋技法和颜料相结合，烧制出了全新的、中西合璧的"粉彩"。

珐琅彩和粉彩的颜色比之前的瓷器丰富得多，可以创作更加多彩的图案。可以说，正是皇室的推动，使中国瓷器艺术在清朝达到了最高峰！

走向世界的中国瓷器

瓷器从诞生那一刻起，就受到了普遍的欢迎。最晚到唐朝，中国的瓷器已开始通过陆路和水路不断向外传播。宋元时，大量瓷器由海上辗转运往欧洲。明代中期到清中期，更是中国瓷器外销的黄金时期，每年输出的瓷器达数十万件。中国瓷器成为世界性产品，换回了大量白银。

这些外销瓷器中，除了中国传统瓷器外，根据客户要求烧制的"定烧"瓷器也越来越常见。这些"定烧"瓷器的造型和装饰图案充满异域色彩。因客户的身份不同，瓷器上还绘有家族、公司、城市等标志，因此也被称为"纹章瓷"。

西方人初见瓷器时，将这种壁薄如纸、光洁如玉、质地坚硬且敲起来声音清越如磬的东西惊为天物，认为这是"神赐的礼物"。很多贵族甚至以拥有中国瓷器作为身份的象征，趋之若鹜。

但是瓷器实在昂贵，简直堪称"白色黄金"，运输的过程中还特别容易破损。为了在本地烧出瓷器，欧洲人没少下功夫。

他们最初认为陶瓷的原料是蛋壳或龙虾壳，后来经过不断摸索，才在16世纪烧出了一些瓷器，可质量与中国瓷器相比仍然差得远。

这也难怪，中国瓷器的制作工艺非常复杂，有72道之多，再细分的话，甚至达200多道！瓷器虽小，凝聚的中国智慧却相当厚重。想靠短期摸索就掌握这些技术，无非痴人说梦！

清朝时，西方的一些传教士开始来到中国。

康熙年间，一位叫殷弘绪的法国传教士获准在景德镇传教。他在那里生活了7年，除了发展教民，还掌握了瓷器烧制的核心工艺。回国后，他将这些信息公开发表，中国的制瓷工艺迅速传遍了欧洲。

欧洲凭借先进的科技，对这些工艺加以改进，迅速打破了中国对世界优质瓷器市场的垄断。

中国瓷器影响了世界上千年，今天，世界各地的大型博物馆内仍收藏着数量惊人的中国瓷器。中国的制瓷业至今仍兴盛不衰，景德镇作为"瓷都"，更是享誉世界。

总结陈词

宋

- 宋太祖：我建立了宋朝，加强了皇帝的权力，统一了天下，就是死得有点儿不明不白。
- 宋神宗："祖宗之法"，是变好呢，还是不变好呢？算了，让王安石试试看吧！
- 宋徽宗：会画画，会书法，会骑马，会射箭，会踢球，就是不会治国。
- 宋高宗：北方蛮夷好凶横，怕怕。北方失地别惦记了，咱还是到南方躲清静吧！
- 宋理宗：不知不觉当了41年皇帝。金国这个大患没了，可蒙古看起来更凶啊！

元

- 成吉思汗：统一全蒙古，建立新制度，灭辽灭西夏，我是大元的缔造者！
- 窝阔台汗：灭金是我的最大功绩。可不瞒你说，那个……我是喝酒喝死的！
- 元世祖：我自立为汗，灭南宋，建大元，创建行省制度，缔造"至元之治"。
- 元英宗：我的新政本可以振兴大元，谁料回上都旅游一趟，竟命丧南坡。
- 元惠宗：最大幸运是用脱脱，最大失败是杀脱脱。不好，明军来了，快逃！

明

|明太祖| 放过牛，打过仗，当过皇帝。还有，谁给我发个"劳模"奖章？

|建文帝| 谁能想到，削个藩把皇位都给搞丢了呢！

|永乐皇帝| 靠打仗被封王，靠打仗抢皇位，死在打仗回来的路上！

|明英宗| 从皇帝到俘虏，再到太上皇，再到皇帝，咱的"简历"够丰富吧！

|明武宗| 我硬是被刘瑾他们几个给"带偏"了，千万别学我……

|嘉靖皇帝| 南边倭寇，北边鞑靼，你们就不能让我清静一下，好好修个道？

|万历皇帝| 与其说我"懒癌"发作，倒不如说我是"破罐子破摔"。

|崇祯皇帝| 不是朕能力不行，实在是留给我的时间不多啊！

清

|努尔哈赤| 建立八旗，统一女真，建立"大金"，进攻明军。山海关越来越近了呢！

|皇太极| 改"女真"为"满洲"，改"大金"为"大清"，我是大清的第一位皇帝！

|顺治帝| 老祖宗盼了多少年，到我这儿终于入关了。紫禁城，我来了！

|康熙帝| 当上皇帝纯属侥幸，管好国家纯靠实力。

|雍正帝| "康雍乾盛世"没有"康乾盛世"的名头响，全怪我当皇帝的时间太短了。

|乾隆帝| 舒舒服服当了60年皇帝，全靠老爸打下好基础，谢谢啊！

|嘉庆帝| 天朝上国，我大清是天朝上国！

|道光帝| 天哪，世界变化这么大？